Clés pé

# LES TROU
# COMPORTEMENT
## Un défi à relever



Fintan O'Regan

Adaptation : Camil Sanfaçon
Consultant pour la collection : Gervais Sirois
Traduction : Edith Cordeau-Giard

CHENELIÈRE
ÉDUCATION

**Les troubles du comportement**
Un défi à relever

Traduction et adaptation de : *Challenging Behaviours* de Fintan O'Regan © 2006 Fintan O'Regan. Cette traduction et adaptation de la première édition (2006) de *Challenging Behaviours* est publiée en accord avec Management Pocketbooks Limited.
(ISBN 978-1-903776-73-5)



*Édition :* France Robitaille
*Coordination :* Nadine Fortier
*Révision linguistique :* Sylvie Bernard
*Correction d'épreuves :* Anne-Marie Théorêt
*Adaptation de la conception graphique originale :* Fenêtre sur cour
*Infographie :* Fenêtre sur cour
*Illustrations :* Phil Hailstone
*Adaptation de la couverture originale :* Karina Dupuis
*Impression :* Imprimeries Transcontinental

**Catalogage avant publication de Bibliothèque et Archives nationales du Québec et Bibliothèque et Archives Canada**

O'Regan, Fintan J. (Fintan Joseph), 1960-
Les troubles du comportement : un défi à relever
(Clés pédagogiques)
Traduction de : *Challenging behaviours pocketbook.*
Comprend des réf. bibliogr.
ISBN 978-2-7650-2570-2
1. Enfants difficiles - Éducation. 2. Comportement, Troubles du, chez l'enfant. 3. Enfants difficiles – Modification du comportement. 4. Motivation en éducation. I. Sanfaçon, Camil. II. Titre.
LC4801.O7314 2009 371.93 C2009-940892-9



Membre du CERC
CERC Canadian Educational Resources Council
Membre de l'Association nationale des éditeurs de livres
ASSOCIATION NATIONALE DES ÉDITEURS DE LIVRES

CHENELIÈRE ÉDUCATION

7001, boul. Saint-Laurent
Montréal (Québec) Canada H2S 3E3
Téléphone : 514 273-1066
Télécopieur : 450 461-3834 / 1 888 460-3834
info@cheneliere.ca

**ISBN 978-2-7650-2570-2**

Dépôt légal : 2e trimestre 2009
Bibliothèque et Archives nationales du Québec
Bibliothèque et Archives Canada
Imprimé au Canada

1 2 3 4 5 ITG 13 12 11 10 09

Nous reconnaissons l'aide financière du gouvernement du Canada par l'entremise du Programme d'aide au développement de l'industrie de l'édition (PADIÉ) pour nos activités d'édition.

Gouvernement du Québec – Programme de crédit d'impôt pour l'édition de livres – Gestion SODEC.

Dans cet ouvrage, le masculin est utilisé comme représentant des deux sexes, sans discrimination à l'égard des hommes et des femmes, et dans le seul but d'alléger le texte.

Des marques de commerce sont mentionnées ou illustrées dans cet ouvrage. L'Éditeur tient à préciser qu'il n'a reçu aucun revenu ni avantage conséquemment à la présence de ces marques. Celles-ci sont reproduites à la demande de l'auteur ou de l'adaptateur en vue d'appuyer le propos pédagogique ou scientifique de l'ouvrage.

# Table des matières

# Avant-propos

Lors de ma première année d'enseignement, je me rappelle avoir entendu un son inhabituel qui a perturbé l'atmosphère silencieuse de la classe alors que les élèves achevaient un examen. Après avoir localisé la source du bruit, je me suis approché de Mathieu, un élève de 12 ans. J'étais surpris de voir qu'il avait la tête baissée, occupé à graver son nom sur le pupitre de bois avec la pointe de son compas.

En m'efforçant de garder mon calme, je lui ai demandé, d'un ton ferme: « Mathieu ! Mais que fais-tu là ? » Il a levé la tête, semblant analyser la situation, et m'a répondu: « Rien du tout ! », et il a continué son manège, en ignorant complètement mon intervention.

En quelque 22 années d'enseignement, j'ai appris que, même si tous les élèves représentent en quelque sorte un défi, certains sont plus problématiques que d'autres.

# Avant-propos *(suite)*

Nous pouvons considérer que la majorité des élèves sont des apprenants motivés à apprendre (AM). Ils suivent le programme, se comportent de manière prévisible et se conforment à la discipline et aux exigences de l'école. Les AM se présentent sur une base régulière à l'école et sont généralement productifs jusqu'à 5 heures par jour, 5 jours par semaine, 180 jours par année. De plus, ils suivent les consignes, reconnaissent les messages qui encouragent de bonnes relations avec leurs enseignants et leurs pairs, et y répondent.

Cependant, d'autres élèves éprouvent de grandes difficultés à s'adapter à la vie scolaire. Ce sont des apprenants non motivés (ANM) ; ils représentent de 10 à 12 % des élèves. Pour eux, le processus d'apprentissage et la conformité aux règles semblent impossibles. Ils présentent un défi, car ils accaparent de 90 à 95 % de notre temps, surtout en raison de leurs problèmes de comportement.

Au fil des années, je me suis beaucoup intéressé au comportement des ANM. Ils sont souvent imprévisibles. Un jour, sans raison (qu'il y ait ou non de l'orage dans l'air !), ils peuvent s'emporter, sourire ou s'esclaffer au moment de l'intervention de l'enseignant. Pire encore, ils peuvent simplement l'ignorer, comme l'avait fait Mathieu.

# Avant-propos *(suite)*

Afin de prendre en charge les élèves qui éprouvent des difficultés sur ce plan, nous devons comprendre pourquoi ils n'apprennent pas comme les autres. Est-ce parce qu'ils ne peuvent pas, qu'ils ne veulent pas ou qu'ils s'en moquent ? Les pages suivantes aborderont le trouble du déficit de l'attention avec ou sans hyperactivité, le trouble oppositionnel avec provocation et le trouble des conduites — trois problèmes majeurs expliquant en partie que certains élèves soient si imprévisibles, non coopératifs, peu engagés, vindicatifs et agressifs.

Relever un défi, c'est « difficile mais stimulant ». C'est d'ailleurs ce que j'ai vécu avec la plupart des élèves avec qui j'ai travaillé et avec ceux que je rencontre aujourd'hui dans les classes. Je crois que les avantages que l'on retire à aider ces élèves compensent largement les difficultés. On ressent une énorme satisfaction à voir des élèves provocateurs, dérangeants et facilement distraits (parfois même dangereux) réussir à se conformer adéquatement aux exigences du système scolaire. Amener ces élèves à croire en vous et, mieux encore, en eux-mêmes, est inestimable. Le chemin peut être ardu, mais le parcours en vaut largement la peine.

J'espère que ce livre vous aidera à créer des conditions favorables dans votre classe pour ces élèves qui **ne peuvent pas apprendre, ne veulent pas apprendre** ou **qui s'en moquent**.

Introduction

Les facteurs de risque

Je ne peux pas apprendre : le TDA/H

Je ne veux pas apprendre : le TOP

Je me moque d'apprendre : le TC

Les cinq éléments incontournables

De l'information supplémentaire

# Introduction

# Les principaux défis en matière de comportement

Par rapport aux comportements, les défis que l'enseignant doit surmonter se situent entre les problèmes majeurs d'encadrement et de sécurité dans la classe et les facteurs moindrement dérangeants, comme les retards à l'école ou en classe et un manque d'organisation. Les problèmes majeurs comprennent :

- la violence physique envers les autres ;
- l'abus verbal envers les autres ;
- le bris de matériel ;
- la résistance à l'autorité et aux règles ;
- le refus de se mettre à la tâche ;
- une mauvaise gestion du temps.

Il est important de retenir que le comportement affiché envoie un message à l'observateur. En comprenant ce message, nous commençons à comprendre le comportement et à déterminer la façon de le traiter.

# Le message

Certains élèves aiment sentir qu'ils ont le contrôle ou qu'ils ont du pouvoir sur les autres. Peut-être est-ce issu de leur nature ou de leur éducation, ou encore des deux. Leurs façons d'agir peuvent s'expliquer par les raisons suivantes :

- Pour acquérir du prestige ;
- Pour obtenir l'appui de leurs pairs ;
- Pour attirer l'attention ;
- Pour éviter le travail (trop facile/difficile, ennuyeux) ;
- Par refus de se conformer aux attentes des adultes.

Bien que l'éducation dans la vie de ces élèves joue un rôle primordial, il ne faut pas oublier d'autres facteurs comme l'hérédité, le tempérament, l'environnement et parfois les troubles neurologiques qui peuvent être à l'origine de leur agressivité et de leur pauvre estime de soi.

Quelle que soit la cause cependant, le résultat est que l'enseignement et l'apprentissage seront généralement compromis.

# Les caractéristiques

Les apprenants non motivés sont plus susceptibles :

- d'être mécontents, désintéressés et incapables ;
- d'obtenir moins de félicitations pour leurs travaux ;
- d'avoir moins d'interactions positives avec les adultes ;
- de présenter des difficultés d'apprentissage ou de réussir moins bien ;
- d'avoir de faibles aptitudes sociales ou moins d'amis ;
- d'avoir une faible estime de soi ;
- d'être émotionnellement instables ;
- d'être facilement blessés ou bouleversés par les autres.

Notre objectif, avec ces élèves, est de les amener à être :

**CONTENTS, INTÉRESSÉS et CAPABLES.**

# Les étiquettes

Il existe différentes définitions fournissant des renseignements précis sur les élèves et tentant d'expliquer que certains d'entre eux se comportent d'une façon particulière par rapport à leur enseignant et à leurs pairs en milieu scolaire.

D'autres difficultés, comme les troubles d'apprentissage (TA) et les troubles envahissants du développement (TED), sont bien établies et représentent un défi pour les enseignants de même que pour les apprenants. Ces troubles sont souvent liés aux ANM. Vous trouverez, à la page 126, des ouvrages qui vous permettront d'en apprendre davantage sur ces sujets.

# Les troubles d'apprentissage (TA)

Ces troubles comprennent la **dyslexie,** la **dyspraxie** et la **dyscalculie**. Souvent, ils se chevauchent et touchent la lecture, l'écriture et les mathématiques. Ils sont souvent liés aux comportements que nous abordons dans ce livre.

**Les TA**

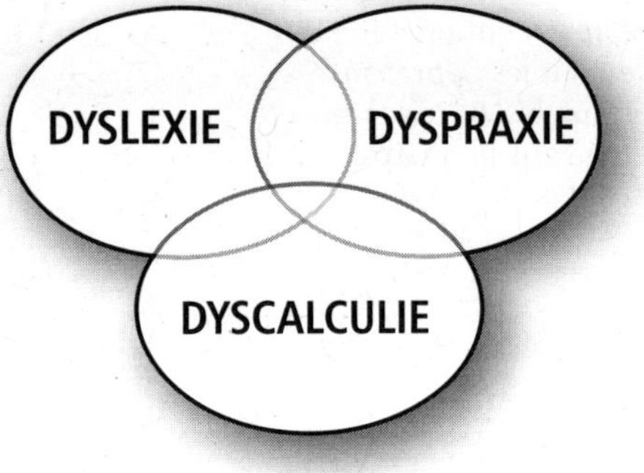

# Les troubles envahissants du développement (TED)

Les élèves atteints d'un TED présentent des déficiences dans les trois domaines suivants :

- La communication : entraîne un trouble sur le plan du langage ;
- L'imagination : entraîne une inflexibilité et une rigidité ;
- La socialisation : entraîne de faibles aptitudes sociales et un manque d'empathie.

Ces déficiences varient de graves à légères, et on parlera parfois des troubles du spectre de l'autisme (TSA). Par exemple, le syndrome d'Asperger est le plus léger de ces troubles : les élèves peuvent très bien fonctionner et possèdent une bonne compétence linguistique, mais ils peuvent éprouver des difficultés en ce qui a trait à l'imagination et à la socialisation.

# Les troubles du comportement

Le principal diagnostic, englobant toujours de nouveaux éléments, est attribué aux élèves qui présentent des troubles du comportement affectif et social.

Les troubles du comportement représentent un groupe général qui comprend une variété de sous-groupes particuliers, y compris :

- le trouble du déficit de l'attention avec ou sans hyperactivité (TDA/H) ;
- le trouble oppositionnel avec provocation (TOP) ;
- le trouble des conduites (TC).

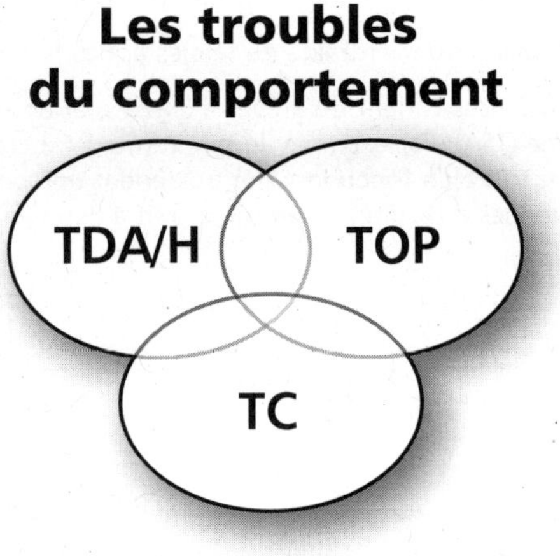

# Les troubles du comportement *(suite)*

**TDA/H + TOP + TC**

Bien qu'il existe plusieurs catégories d'élèves qui constituent un défi pour les enseignants, les prochains chapitres s'attarderont sur les trois principaux types :

- Ceux qui **ne peuvent pas** apprendre, mais qui le **voudraient** (TDA/H) ;
- Ceux qui **ne veulent pas** apprendre, mais qui **pourraient** le faire à leurs conditions (TOP) ;
- Ceux qui **s'en moquent**, parce qu'ils s'intéressent à autre chose (TC).

**ne peuvent pas + ne veulent pas + s'en moquent**

# Une mise en situation

Madame Aubin, qui enseigne à des élèves de 13 ans, est occupée à transcrire des consignes au tableau. Derrière elle, un crayon est projeté de l'autre côté de la pièce. Elle se retourne et observe les trois individus qu'elle suspecte : Samuel, Ariane et Jérémy.

## La réponse de Samuel

Samuel semble très embarrassé, s'agitant sur sa chaise et regardant autour quand madame Aubin l'observe. En tripotant sa feuille, il regarde, impuissant, le garçon assis à ses côtés, David. Ce dernier ignore Samuel de même que l'enseignante.

« Samuel », dit l'enseignante.

« Oui, monsieur… je veux dire madame, répond Samuel. Qu'est-ce que j'ai fait ? »

« Je ne t'accuse de rien, lui répond-elle, mais un crayon a été lancé dans la pièce. »

« Ce n'était pas moi, monsieur, euh… madame. Je n'ai pas beaucoup de crayons. Je les perds toujours. Est-ce que c'était un de mes crayons ? »

# Une mise en situation *(suite)*

## La réponse d'Ariane

« Ariane », dit madame Aubin. Mais avant qu'elle termine…

« Vous ne croyez pas que c'est moi ! crie Ariane. Pourquoi êtes-vous toujours sur mon dos ? Vous ne me laissez jamais tranquille ! Je n'ai même pas touché ce stupide crayon ! »

« Ariane », dit à nouveau madame Aubin, mais avant qu'elle termine…

« Pourquoi m'accusez-vous toujours ? Il y a 29 autres élèves, mais c'est toujours moi ! Si vous vous forciez à rendre le cours plus intéressant et moins ennuyeux, peut-être que les élèves ne passeraient pas leur temps à lancer des crayons ! »

# Une mise en situation *(suite)*

## La réponse de Jérémy

Jérémy envoie des messages textes sur son cellulaire et ignore la première remarque de madame Aubin.

« Jérémy, sais-tu quelque chose à propos du crayon qui a été lancé dans la classe il y a quelques minutes ? Et, s'il te plaît, remets-moi ce téléphone. Tu sais que c'est interdit de l'apporter en classe. » « Je veux que vous me le redonniez à la fin de la classe », réplique Jérémy. Madame Aubin lui répète la question : « Sais-tu quelque chose à propos du crayon ? »

« Non, pourquoi devrais-je savoir quelque chose ? demande-t-il. Cela n'a rien à voir avec moi ! »

« En es-tu certain ? Il provenait de cette direction. »

« Ah oui ? dit-il avec mépris. Mais comment le savez-vous ? Vous étiez de dos. Et de toute manière, Samuel n'a-t-il pas dit que c'était un de ses crayons ? Regardez, ça, c'est le mien ! »

Qui d'entre Samuel, Ariane et Jérémy correspond le mieux aux critères « ne peut pas », « ne veut pas » et « s'en moque », et pourquoi ?

# Les hypothèses

L'idée n'est pas de créer des stéréotypes, mais d'examiner le profil des trois élèves :

Samuel semble être l'élève qui **ne peut pas** apprendre. Il est le type de personne qui ne pense ni aux implications ni aux conséquences de ses actes, et qui n'aurait pas réfléchi à la suite possible des événements après avoir lancé un crayon.

**Les élèves avec un TDA/H entrent souvent dans cette catégorie.**

Ariane est considérée comme l'élève qui **ne veut pas** apprendre, puisqu'elle est assez explosive quand on l'interroge à propos de l'incident. Son fragile tempérament l'amène à provoquer l'enseignante, avant même de la laisser parler. C'est ce second comportement qui lui cause souvent des ennuis.

**Les élèves avec un TOP entrent souvent dans cette catégorie.**

Jérémy est l'élève qui **s'en moque** : ses actions sont plus intentionnelles et maîtrisées que celles des deux autres, et ses réponses sont plus calculées.

**Les élèves avec un TC entrent plus souvent dans cette catégorie.**

# Le coupable ?

Qui a lancé le crayon ? Ce pourrait être n'importe qui des trois, mais l'exemple nous démontre trois choses :

1. Les élèves présentant un TDA/H sont en général les plus faciles à incriminer, car ils sont impulsifs. Puisqu'ils ne prévoient pas, ils n'auront pas d'alibi à présenter. (Ils peuvent essayer de mentir, mais ils sont de mauvais menteurs car, en plus de leur impulsivité, ils ont une faible mémoire à court terme.)

2. Les élèves atteints d'un TOP sont plus difficiles à accuser que ceux qui souffrent d'un TDA/H, mais plus faciles à incriminer que ceux présentant un TC. Cependant, faites attention. Avant même que vous ayez prouvé leur culpabilité, ils auront modifié l'histoire pour vous faire croire que tout est votre faute : la leçon était si ennuyeuse qu'un élève a lancé un crayon pour mettre de l'action.

3. Les élèves aux prises avec un trouble des conduites prévoient leurs actes et sont difficiles à incriminer. En général, ils ont un alibi, par exemple l'élève voisin qui présente un TDA/H !

Introduction

Les facteurs de risque

Je ne peux pas apprendre : le TDA/H

Je ne veux pas apprendre : le TOP

Je me moque d'apprendre : le TC

Les cinq éléments incontournables

De l'information supplémentaire

# Les facteurs de risque

# Les facteurs de risque propres à l’élève, à la famille et à la communauté

Pourquoi certains élèves manifestent-ils des comportements inappropriés alors que d’autres ne le font pas ?

Il existe nombre de facteurs de risque pouvant influencer les élèves. Nous pouvons les classer en trois catégories :

- L’élève (*pages 23 à 27*) ;
- La famille (*pages 28 à 33*) ;
- La communauté (*page 34*).

## L'élève

Les facteurs de risque inhérents à l'élève comprennent :

- des troubles d'apprentissage ou des troubles nerveux ;
- le niveau d'intelligence, le QI ;
- l'intelligence émotionnelle ;
- un tempérament difficile ;
- l'estime de soi, la dépression et le stress.

De toute évidence, les troubles d'apprentissage, comme la dyslexie, n'entraînent pas nécessairement un comportement problématique, mais peuvent être un facteur contribuant à la frustration et à une faible estime de soi à l'école.

De la même manière, le degré d'intelligence n'est pas nécessairement une cause directe du comportement inapproprié, mais cela peut être un facteur déterminant.

Toutefois, un faible degré d'intelligence émotionnelle porte souvent les élèves à avoir du mal à déchiffrer les signaux nécessaires aux interactions sociales positives. De tels élèves ont de la difficulté à partager ou à attendre leur tour, et ils sont souvent intransigeants, surtout en période de stress.

# L'intelligence émotionnelle (IE)

Daniel Goleman (1995) définit l'intelligence émotionnelle comme la « capacité à traiter l'information émotionnelle de manière précise et efficace, y compris la capacité à percevoir, à assimiler, à comprendre et à gérer ses émotions ». Il détermine cinq principaux domaines :

- Connaître ses émotions ;
- Gérer ses émotions ;
- Se motiver ;
- Reconnaître les émotions des autres ;
- Gérer ses relations.

On dit souvent que les personnes autistes éprouvent des difficultés sur le plan de l'intelligence émotionnelle. C'est aussi vrai pour les élèves atteints de troubles du comportement affectif et social, surtout ceux de la catégorie « s'en moquent » qui affichent un très faible degré d'empathie. En raison de cette lacune et de cette incapacité à ressentir des émotions, il est plus difficile d'aider ces élèves à réfléchir à leurs actions et, par conséquent, à améliorer leur conduite.

Une stratégie pouvant inclure des activités comme des mises en situation et des jeux de rôles est souvent utile pour aider les individus ayant une faible intelligence émotionnelle à comprendre les répercussions de leur comportement.

# Le tempérament

Le tempérament est-il inné ou acquis ? En fait, la vérité se situe probablement quelque part entre les deux. Des mères m'ont raconté que, le jour de la naissance de leur enfant, elles ont été en mesure de déterminer si celui-ci aurait un tempérament joyeux ou triste dans la vie.

Au sein d'une famille de jumeaux de sexe masculin non identiques bien connue de l'auteur, il a été clair dès le départ qu'un des garçons voyait le verre à moitié vide, et l'autre, à moitié plein.

Les premiers mots du premier jumeau ont été : « C'est pas juste », un aperçu de son futur tempérament.

## Le tempérament *(suite)*

Le fait est qu'il est plus difficile de travailler avec certains élèves, car ils voient toujours le côté négatif des choses. Ils peuvent être d'humeur changeante, imprévisibles et même explosifs. Vous sentez que vous marchez sur des œufs lorsque vous travaillez avec eux.

La chose la plus importante est qu'ils sachent que vous avez remarqué qu'ils passent une mauvaise journée. De toute évidence, cela n'empêchera pas tout incident, mais l'impact sera moindre, et vous établirez une relation positive avec eux, ce qui est la clé pour intervenir avec un élève au tempérament difficile.

# L'estime de soi, la dépression et le stress

Peu importe ce qu'on raconte sur la faible estime de soi, la dépression et le stress parmi les élèves, ces problèmes sont réels et, dans certains cas, ils nécessiteront une variété d'options allant au-delà de l'intervention de l'enseignant.

L'estime de soi est liée à la confiance en soi ; par conséquent, toute stratégie que les enseignants peuvent utiliser pour enrayer la peur de l'échec et améliorer l'image de soi est recommandée.

La dépression et le stress chez les jeunes peuvent être de légers à graves. En déceler la cause peut aider à trouver des solutions. Les enseignants devraient attirer l'attention des personnes concernées dans l'établissement scolaire afin que celles-ci évaluent l'étendue du problème et fournissent les ressources nécessaires.

# La famille

Même si des facteurs liés à l'élève peuvent contribuer à un comportement problématique, un certain nombre d'aspects liés à la **famille** influent aussi sur le rendement à l'école, par exemple :

- des conflits parentaux ;
- une rupture ;
- une rivalité entre frères et sœurs ;
- le décès d'un proche ;
- une discipline incohérente ou imprécise ;
- des relations hostiles ou de rejet ;
- des sévices physiques, sexuels ou psychologiques ;
- la criminalité des parents, l'alcoolisme ou un trouble de la personnalité ;
- la santé des parents.

## La famille *(suite)*

Les enseignants n'auront que peu d'influence sur les problèmes familiaux ou pas du tout, mais il est tout de même parfois important d'aller au-delà du comportement en classe pour en comprendre les causes.

Le divorce, les conflits entre frères et sœurs ou le décès d'un proche affecteront tous les élèves, et ceux-ci seront souvent incapables de traduire leurs sentiments en mots. Ils communiqueront plutôt leur peine et leur frustration par des comportements agressifs ou passifs ; les enseignants et les autres élèves pourraient en subir les conséquences, car ils se trouvent en première ligne.

Lors d'une étude menée auprès d'enseignants du Royaume-Uni en 2005, 750 enseignants ont énoncé les principales raisons qui, d'après eux, expliquaient les problèmes de comportement à l'école :

- 80 % ont relevé le manque d'autorité parentale ;
- 37 % ont mis en cause les politiques de discipline faibles ou incohérentes ;
- 25 % ont signalé le programme d'enseignement sans originalité.

Les enseignants semblent convaincus que certains parents sont incapables d'assumer leur rôle de premier responsable de leur enfant.

# Une discipline incohérente ou imprécise

Élever un enfant est sans aucun doute la tâche la plus difficile au monde. Toutefois, une chose est sûre : les enfants ont besoin de parents pour devenir parents.

> Les parents et les enfants
> ne doivent pas vivre dans
> un état de totale démocratie ;
> l'enfant a besoin d'un milieu
> où les limites sont claires
> et où il se sent en sécurité.

# Une discipline incohérente ou imprécise *(suite)*

Même si cette affirmation est plutôt impopulaire, je crois qu'il est impossible de nier ceci : « Certains enfants n'ont pas la chance de vivre avec des parents responsables. Des parents peuvent aimer leurs enfants sans être de bons modèles. »

En parlant d'un garçon bouleversé, un enseignant a dit : « À la maison, Gabriel obtient le meilleur de toute chose et aussi le pire. »

Quand je lui ai demandé de s'expliquer, voici ce qu'il a répondu : « Son père arrive de bonne humeur et lui dit : "Gabriel, tu es un bon garçon !" et il lui donne un cellulaire en cadeau. Plus tard, alors que la famille regarde la télévision, le téléphone de Gabriel sonne et son père se précipite vers lui, lui met les deux mains autour de la tête et lui dit : "Ferme ce ***** téléphone, je regarde la télévision !" »

**Un manque de cohérence à la maison portera Gabriel à être incohérent à l'école et ailleurs.**

# Une triste vérité

Un dentiste visitait récemment une école et donnait à chaque élève de neuf ans une brosse à dents. Il a remarqué qu'un garçon n'avait pas pris de brosse à dents. Quand il lui a demandé pourquoi, le garçon a haussé les épaules. Le dentiste lui a donc demandé : « Quelle couleur préfères-tu ? » Le garçon a encore haussé les épaules. Le dentiste a insisté : « Quelle est la couleur de ta brosse à dents à la maison ? »

« Je n'ai aucune brosse à dents à la maison », a-t-il répondu.

Chaque enfant, surtout en bas âge, croit que sa maman et son papa sont les meilleurs au monde…

Certains ont tort.

# Les jeunes aidants naturels

Les faits présentés ci-dessous à propos des jeunes aidants naturels sont tirés d'un rapport du *Times Educational Supplement* (*TES*), une publication anglaise :

- Il y a au moins un jeune aidant dans chaque école, certains dès l'âge de cinq ans.
- La plupart s'occupent d'un parent (généralement de leur mère), de 1 à 19 heures par semaine, mais près de 1 000 élèves de cinq à sept ans s'en occupent pendant plus de 50 heures par semaine.
- La fatigue, l'anxiété et le faible taux de présence contribuent à un faible rendement.
- Un jeune aidant sur trois a une scolarité insuffisante. Un quart de ces jeunes n'ont pas de diplôme d'études secondaires.
- Environ 80 % soutiennent un membre de la famille sur le plan affectif, ce qui est plus que le nombre d'élèves qui cuisinent, nettoient et font les courses.

Les élèves considérés comme aidants naturels ne se comporteront probablement pas de manière traditionnelle. Ils peuvent manquer régulièrement des cours et, s'ils se présentent, peuvent être préoccupés par d'autres responsabilités.

C'est un bon exemple qui nous montre comment nous pouvons décoder l'ampleur du problème que vivent certains élèves en regardant au-delà du comportement. Il faut absolument diriger ces élèves vers une ressource qui verra à mettre en application les mécanismes de soutien nécessaires.

## La communauté

Même si les facteurs liés à la **communauté**, comme la richesse ou la pauvreté, ne sont pas la cause de l'état de ces élèves, ils peuvent y contribuer, surtout si les familles ont du mal à gérer certaines situations. Ces facteurs comprennent :

- un désavantage sur le plan socioéconomique ;
- une situation instable ;
- de nombreux déménagements ;
- un désastre ;
- de la discrimination ;
- d'autres événements troublants.

Les écoles ne sont pas toujours en mesure de remédier à ces problèmes, mais elles peuvent au moins jouer un rôle, ne serait-ce qu'en tentant d'enrayer la discrimination et les préjudices qui, s'ils ne sont pas pris en considération, pourraient mener à l'intimidation et avoir des effets à long terme sur les victimes.

Un enseignant que je connais applique les principes ci-dessous auprès des élèves qui commettent des actes d'intimidation, des victimes et des témoins :

**Pas ici ; pas maintenant ; JAMAIS…**

# Je ne peux pas apprendre : le TDA/H

# Le trouble du déficit de l'attention avec ou sans hyperactivité (TDA/H)

Le trouble du déficit de l'attention avec ou sans hyperactivité est parfois plus simplement nommé le TDA/H.

Une mère m'a raconté que pour elle, l'acronyme TDA (trouble du déficit de l'attention) signifiait « trouble dévastateur de l'attention ! », car c'était l'effet que cela avait dans sa vie.

En réalité, les élèves atteints d'un TDA/H présentent trois déficiences majeures :

**Inattention** **Impulsivité** **Hyperactivité**

Le terme « dévastateur » n'est qu'un mot commençant par « d » parmi tant d'autres pouvant caractériser les élèves qui souffrent d'un TDA/H ; en voici quelques autres : dérangeants, difficiles, désobéissants et, de toute évidence, différents.

Quoi qu'il en soit, les élèves présentant un TDA/H constituent des défis pour la plupart des enseignants.

# Le trouble du déficit de l'attention avec ou sans hyperactivité *(suite)*

Trois sous-catégories sont comprises dans le terme TDA/H (*voir l'annexe 1*) :

- Le type inattention prédominante ;
- Le type hyperactivité-impulsivité prédominante ;
- Le type mixte.

Les élèves du type inattention prédominante sont ceux qui vous semblent apathiques ; même s'ils ne sont généralement pas hyperactifs physiquement, ils le sont mentalement. Pas toujours associés à un comportement antisocial, ces élèves sont plus enclins à une faible estime de soi, à la dépression, à de l'anxiété et, dans des cas extrêmes, à l'autodestruction. Ils représentent manifestement un groupe en difficulté.

Les élèves des deux autres sous-catégories, le type hyperactivité-impulsivité prédominante et le type mixte, sont souvent difficiles, exigeants et dérangeants, à l'intérieur comme à l'extérieur de la classe. Ce sont des élèves qui aiment prendre des risques.

# Les caractéristiques

Le TDA/H touche de 3 à 5 % de tous les enfants. C'est un trouble médical souvent associé à un facteur héréditaire déterminant.

Pour les enseignants dans les classes, voici quelques principaux indicateurs d'un élève souffrant d'un TDA/H :

- L'élève a du mal à prêter attention.
- L'élève ne termine pas les choses qu'il commence.
- L'élève est distrait et rêvasse.
- L'élève crie ou agit souvent de manière impulsive.
- L'élève a du mal à terminer les travaux assignés.
- L'élève a du mal à s'organiser.
- L'élève est agité ou hyperactif.

Il faut se rappeler que les individus atteints d'un TDA/H agissent sans réfléchir. Voici les paroles d'un élève présentant un TDA/H :

# Les caractéristiques chez les filles

Les filles atteintes d'un TDA/H, bien qu'en moins grande proportion que les garçons, présentent les caractéristiques suivantes :

- Leurs problèmes sont fréquemment sous-estimés.
- Elles peuvent n'être qu'inattentives.
- À l'adolescence, elles peuvent être déprimées, avoir une faible estime d'elles-mêmes ou présenter des troubles d'apprentissage.

On croit souvent qu'on ne diagnostique pas adéquatement le TDA/H chez les filles car, comparativement aux garçons, elles sont plus discrètes. On a tendance à croire que les garçons qui présentent une hyperactivité plus dérangeante et remplie de testostérone éprouvent des difficultés, alors que les filles qui ont des caractéristiques semblables, mais qui sont moins tapageuses, sont plus négligentes que dérangeantes.

Les filles de type inattention prédominante sont souvent ignorées, surtout celles âgées de 6 à 12 ans. Il est évident que leur personnalité distraite et méfiante augmente les chances d'intimidation et, par conséquent, de problèmes secondaires pouvant mener à l'autodestruction, comme la dépression.

Les filles atteintes d'un TDA/H sont un groupe à risque. Repérez-les et analysez les signes perçus. Quel est le message derrière la fille de neuf ans assise dans un coin, qui joue avec ses cheveux, alors que tous les autres discutent en groupe ?

# Le diagnostic

Pour s'assurer que le comportement d'un élève est bien le résultat d'un TDA/H, des évaluations particulières sont nécessaires dans divers domaines :

- Une évaluation médicale ;
- Une entrevue avec les parents ;
- Une entrevue avec l'enseignant ;
- Une entrevue avec l'élève ;
- Des échelles d'évaluation ;
- Des tests par ordinateur ;
- Des évaluations du rendement ;
- Une évaluation intellectuelle.

Les évaluations sont généralement menées par un pédiatre ou un pédopsychiatre et, dans certains cas, par un psychologue clinicien.

# Le diagnostic *(suite)*

Pour établir un diagnostic de TDA/H, toute autre raison médicale expliquant que l'élève puisse être impulsif ou hyperactif (comme un trouble nerveux ou une affectation due à des allergies ou à des aliments particuliers) doit être exclue.

Une analyse détaillée des antécédents de l'élève en milieu scolaire et familial doit être réalisée pour déterminer la date d'apparition des comportements et les facteurs afférents.

Finalement, les tests par ordinateur évaluent le souci du détail et la vigilance, alors que l'évaluation du rendement indique le rendement scolaire potentiel de l'élève par rapport à son plus faible rendement scolaire, dans la plupart des cas.

« Le TDA/H existe-t-il réellement ? » Voici ma réponse à cette question :

**« En ce moment, le TDA/H est la meilleure explication pour un ensemble de comportements spécifiques qui ne peuvent être mieux expliqués autrement. »**

# À quoi ressemble un élève souffrant d'un TDA/H ?

# L'impulsivité

Même si le TDA/H est un trouble d'apprentissage bien établi, les scientifiques poursuivent le débat quant à ce qui fait que les adultes et les enfants sont affectés de cette manière. Une des théories indique que, en plus de leurs problèmes d'attention, les individus présentant un TDA/H sont incapables d'inhiber ou de commander leurs réponses de la même manière que les apprenants traditionnels, ce qui provoque des réponses verbales et des actes impulsifs.

Ce manque de retenue, cette incapacité à hésiter avant de répondre aux gens ou à certaines situations peuvent causer beaucoup d'ennuis aux personnes atteintes d'un TDA/H et aux personnes qui travaillent avec elles.

**«Je dois le dire, je dois le dire maintenant.»**

# Les élèves présentant un TDA/H sont-ils toujours impulsifs ou hyperactifs ?

La réponse est non. Ce trouble peut cependant être difficile à diagnostiquer et être frustrant pour les enseignants qui constatent que leurs élèves atteints d'un TDA/H sont parfois très concentrés et attentifs.

Michael Gordon, un professionnel américain de la santé, résume le tout :

> *Leur comportement peut varier selon le degré d'efficacité de la gestion des règles, la structure et le soutien en matière de conformité, et le degré d'intérêt de l'enfant pour l'activité.*

**(Dr Michael Gordon, 1992)**

# Attirer leur attention

Les élèves présentant un TDA/H sont très influencés par la personne qui leur enseigne.

Au fil des ans, j'ai entendu parler de quelques enseignants très efficaces avec les élèves présentant un TDA/H. L'un d'eux était un enseignant costaud avec une forte voix. Il avait beaucoup de présence et employait une expression mémorable quand les élèves ne l'écoutaient pas :

« Sois attentif, sinon je vais te manger ! »

C'est une approche qui ne serait probablement pas recommandée dans les ouvrages destinés aux enseignants, mais voyez comment il parvenait à attirer l'attention d'élèves qui ont un besoin incessant de stimulation !

Ce dernier exemple et celui de monsieur Gordon (*page 44*) nous amènent à une même conclusion : les élèves présentant un TDA/H sont facilement distraits. Le truc est d'exploiter cette facette et de trouver des moyens de les distraire de la personne à côté d'eux ou des idées qu'ils ont dans leur tête, en vue de favoriser le processus d'apprentissage.

# Les problèmes associés au TDA/H en classe

Bien qu'elles ne s'appliquent pas uniquement au TDA/H, plusieurs des caractéristiques ci-après sont liées à une énergie considérable, à une impulsivité et à un manque de concentration :

- Se lever de sa chaise en temps inopportun ou dans des circonstances inappropriées.
- Se détourner des travaux que le reste du groupe effectue.
- Ne pas suivre les consignes (des enseignants ou des autres intervenants).
- Crier ou ne pas parler à son tour.
- Être agressif envers les autres élèves.
- Être facilement distrait et avoir une courte durée d'attention.
- Déranger les autres, compromettant ainsi leurs efforts.
- Être insouciant et lunatique.
- Oublier ou perdre son matériel.
- Produire des travaux incomplets ou peu soignés.

# L'intervention multimodale

Le TDA/H est un trouble complexe. Les théories sur ses causes abondent, mais tous les scientifiques s'entendent pour dire qu'une déficience des neurotransmetteurs à l'intérieur du cerveau serait à l'origine de ce trouble. Même si les médicaments ne sont pas toujours nécessaires, la plupart des professionnels affirment que la gestion du TDA/H requiert une intervention pédagogique, comportementale et physiologique. C'est ce qu'ils appellent une « intervention multimodale ».

Ce chapitre aborde principalement les interventions pédagogiques et médicales, et discute brièvement de trois autres options. La modification du comportement sera abordée plus longuement aux pages 99 à 118, quand nous discuterons d'une approche collective qui convient aux élèves en difficulté de comportement.

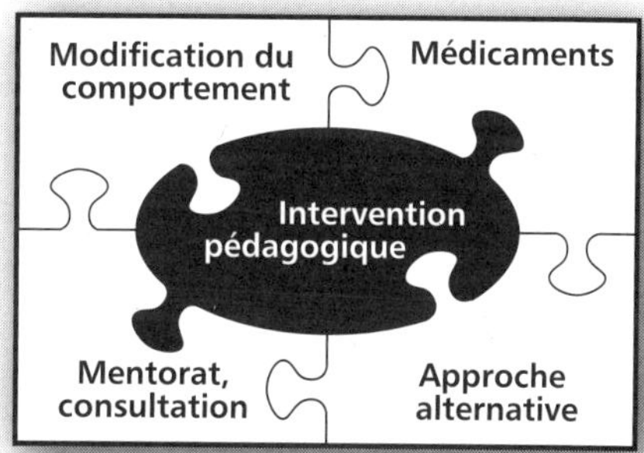

# Les stratégies

Pour mieux soutenir les élèves souffrant d'un TDA/H, il est généralement utile de réduire vos attentes quant aux travaux écrits, et d'être prêt à utiliser des solutions de rechange pour transmettre un contenu. Émettez des consignes simples et claires, donnez des indices et proposez diverses options.

Les élèves présentant un TDA/H ont besoin de matériel ordonné et clair. Dans leur cas, moins, c'est parfois mieux !

- Revoir la conception de ses feuilles de travail et d'évaluation. Éviter les travaux écrits.
- Utiliser l'encre noire et des caractères clairs et de bonne taille (les polices sans empattements, comme **Arial**, ***Comic sans MS***, **Verdana** et **Tahoma**, sont les meilleures).
- Privilégier un format simple : une ou deux activités par page.
- Éviter les images ou les stimuli visuels inutiles.
- Laisser les pages aérées.
- Appliquer une pédagogie différenciée et proposer d'autres environnements pour les évaluations et les examens.

# L'accès au texte

Une enseignante avec qui j'ai travaillé a remarqué que Marie, 12 ans, ne pouvait pas se concentrer sur ses problèmes de multiplication en mathématique. Elle disait : « Madame, la page est trop remplie. »

L'enseignante a pris un carton et a découpé un carré au centre, d'une taille équivalant à chaque problème. Elle a placé ce carton sur la feuille de problèmes en disant à Marie :

« Regarde, j'ai fabriqué une fenêtre pour t'aider. »

Marie a répondu : « Je vois mieux le problème ! Combien dois-je en faire ? »

Sachez que c'est parfois le texte ou le format du texte qui distrait l'élève souffrant d'un TDA/H. Une feuille comportant trop de mots ou trop de questions (comme dans l'exemple précédent) semble surchargée et est distrayante. Facilitez l'accès au texte en utilisant des caractères clairs et grands, et laissez beaucoup d'espace sur vos feuilles.

# Les consignes

Quand vous donnez des consignes, vous devez tenir compte de la difficulté d'écoute de l'élève présentant un TDA/H.

- Répéter les consignes et encourager l'élève à les répéter.
- Lui indiquer les étapes à suivre : s'assurer qu'il a son matériel, déterminer la première tâche à exécuter, etc.
- Utiliser des surligneurs pour mettre l'accent sur la marche à suivre et encourager l'élève à surligner aussi les points importants.
- Jumeler l'élève à un partenaire d'étude.
- Reconnaître que l'élève a quelque chose à dire, mais l'aider à acquérir la maîtrise de soi, par exemple : « Jonathan, je vois que tu es impatient de me donner la réponse, mais je veux voir ce que Julien en pense ; je reviens à toi tout de suite après. » Le féliciter s'il reste sage jusqu'à votre retour.

# Les activités et la structure

Les élèves qui souffrent d'un TDA/H ont besoin d'aide pour se concentrer. Souvent, il suffit de leur confier quelque chose à faire. Ils répondent également bien à la structure. Essayez ces différentes stratégies :

- Prévoir une période de détente avant d'entrer en classe, lorsque c'est possible.
- Favoriser une atmosphère calme dans la classe et prévoir de courtes pauses entre les travaux.
- Prévoir des rituels de transition.
- Permettre aux élèves de manipuler une balle antistress, particulièrement lors d'un épisode d'anxiété.
- Recourir à d'autres options technologiques, comme l'informatique et la musique.
- Organiser une variété de tâches et d'activités, comprenant si possible des activités pratiques.

De plus, prévoyez faire des exercices d'étirement avec tout le groupe au milieu du cours. Cela permet aux élèves qui ont du mal à demeurer assis pendant de longues périodes de se lever et favorise leur concentration ultérieure.

# L'environnement de la classe

Les enseignants doivent prendre en considération le matériel, les approches et le contenu des cours, mais aussi l'environnement de la classe :

- Organiser un coin détente dans la pièce.
- Placer l'élève loin de la porte, d'une fenêtre ou du corridor.
- Placer l'élève loin des endroits d'entreposage du matériel de la classe.
- Placer l'élève près de soi.
- Placer l'élève près d'un autre élève qui étudie bien et qui est attentif.
- Utiliser si possible des postes de travail.
- Adopter le modèle de disposition des sièges en « U » lors des discussions.

# Le TDA/H en action

En travaillant avec des élèves qui présentent un TDA/H, il est essentiel de se préparer aux situations qui surviennent en raison de la courte durée d'attention des élèves.

**Soyez**
***proactifs***
**pas**
***réactifs***

On dit souvent, et pour cause, que la seule personne dont vous pouvez maîtriser le comportement est vous-même. Quant aux autres personnes, vous ne pouvez influencer que leurs actions. Les deux exemples ci-après illustrent comment le comportement de l'enseignant peut influer sur le résultat en travaillant avec un élève qui souffre d'un TDA/H.

# Être réactif

Thomas, un élève de 11 ans, a beaucoup de mal à demeurer assis à sa place. Il taquine Josée, il lance des boules de papier sur Lucas, de l'autre côté de la pièce, et se balance sur sa chaise. Il n'est pas concentré et n'écoute pas l'enseignant qui présente une leçon de français. Soudainement, il se lève de sa chaise et crie :

« Madame, je connais la réponse, l'adjectif s'accorde avec le masculin. »

« Qu'est-ce que tu racontes ? »

« L'adjectif s'accorde… »

« Thomas, assieds-toi, je t'en prie. Comme d'habitude, tu parles sans autorisation. »

« Vous ne voulez jamais que je réponde. »

« Tu argumentes encore ! »

« Cesse de déranger l'enseignante », dit alors Josée.

« Mêle-toi de tes affaires ! » dit Thomas en lui tirant la langue.

# Être proactif

Thomas, un élève de 11 ans, a beaucoup de mal à demeurer assis à sa place. Il taquine Josée, il lance des boules de papier sur Lucas, de l'autre côté de la pièce, et se balance sur sa chaise. Il n'est pas concentré et n'écoute pas l'enseignante qui présente une leçon de français. Soudainement, il se lève de sa chaise et crie :

« Je connais la réponse, l'adjectif s'accorde avec le masculin. »

« Thomas, as-tu autre chose à dire ? » « Oui, madame, quand il y a un nom féminin et un nom masculin, l'adjectif s'accorde avec le masculin. »

« C'est très bien, Thomas, je vois que tu as bien intégré la règle de grammaire. Je te remercie de ta réponse. Cependant, j'apprécierais que tu lèves la main et que tu attendes que je te donne la parole. Comme cela, tu n'auras pas besoin de crier. Pourrais-tu travailler avec Josée et inscrire sur une feuille les autres exemples que tu trouveras dans le texte. Quand vous aurez terminé, vous les apporterez à mon bureau. »

« Oui, madame », répondent à l'unisson Thomas et Josée.

# Les médicaments[1]

L'un des aspects de la gestion du TDA/H ayant le plus soulevé la controverse dans l'opinion publique est l'administration de médicaments. Le fonctionnement de ces médicaments n'est pas abordé dans ce livre, mais le fait est qu'ils sont parfois utiles, le TDA/H étant un problème neurologique qui peut nécessiter la prise de médicaments.

Au Canada, le point de vue général des médecins est que, dans le traitement du TDA/H, la prescription de médicaments ne doit être considérée qu'après une évaluation complète. La décision d'administrer des médicaments doit par ailleurs être prise conjointement par la famille et le médecin.

**Les médicaments ne guérissent pas le TDA/H, mais ils représentent une option au sein du modèle d'intervention multimodale** (*page 47*).

1. Avertissement : L'information contenue dans cette section ne constitue pas un avis médical. Vous pouvez consulter le site Internet de Santé Canada pour obtenir de plus amples renseignements sur les médicaments [en ligne] : http://www.hc-sc.gc.ca.

# Les médicaments *(suite)*

Les stimulants aident l'élève à se concentrer et à être attentif. On les administre pour améliorer le fonctionnement de son cerveau. Les stimulants agissent sur les neurotransmetteurs du cerveau, plus particulièrement sur la dopamine et la norépinéphrine. Cela permet à l'élève de mieux se prendre en main et de mieux s'intégrer non seulement à l'école, mais aussi à la maison et dans ses loisirs.

Le **méthylphénidate** est le médicament le plus prescrit dans le traitement du TDA/H. C'est un médicament réglementé, offert en comprimés à courte action, à action intermédiaire et à action prolongée.

Le **Ritalin** est le nom commercial donné au méthylphénidate à courte action. Les effets de ce médicament surviennent généralement à l'intérieur de 20 minutes et durent environ 4 heures. Le Ritalin a été mis sur le marché en 1957. Des études approfondies révèlent son efficacité à court terme : de 70 à 80 % des enfants souffrant d'un TDA/H réagissent bien à ce médicament. Aucune preuve n'indique qu'il pourrait créer une dépendance.

Un autre stimulant est aussi offert : la **dexamphétamine**, commercialisée sous le nom de **Dexedrine**. Même si le mécanisme d'action sur le cerveau est différent, ce médicament donne des résultats cliniques comparables à ceux du méthylphénidate ; ses effets durent environ quatre heures.

# Les médicaments *(suite)*

Il existe deux versions à action prolongée pour le méthylphénidate : **Concerta**, dont l'effet dure environ 12 heures, et **Biphentin**, dont l'effet dure de 8 à 12 heures.

L'avantage est qu'ils agissent pendant toute la journée ; ainsi, aucun médicament n'est administré à l'école. D'autres avantages à considérer sont la simplicité de l'administration, la stabilité de l'effet thérapeutique, la confidentialité et la sécurité par rapport à un usage inapproprié. De plus, cela prévient les taquineries et évite les complications liées à l'entreposage des médicaments à l'école.

Un médicament non stimulant, l'**atomoxétine**, est aussi proposé dans le traitement du TDA/H chez les enfants et les adolescents. Son nom commercial est **Strattera**. Il agit chez environ 70 % des patients, mais peut requérir une administration continuelle allant jusqu'à trois mois avant d'agir. Son mécanisme d'action particulier le rend intéressant pour les enfants atteints de TDA/H avec anxiété ou avec des tics.

Ces médicaments ont un effet direct sur l'attention, la mémoire à court terme, la vigilance, le temps de réaction, les aptitudes d'écoute et les comportements centrés sur la tâche. Ils peuvent aussi avoir des effets bénéfiques sur les troubles associées au TDA/H, comme le trouble oppositionnel avec provocation, l'agressivité et l'anxiété, mais ne sont pas indiqués dans le traitement spécifique de ces troubles. Les effets indésirables courants peuvent comprendre la perte d'appétit, des troubles du sommeil, des maux de tête et des douleurs abdominales.

# Les autres options

Des études soutiennent que les déséquilibres et les carences en acides gras hautement insaturés (AGHI) peuvent contribuer à une gamme de troubles du comportement et de l'apprentissage, y compris le TDA/H, la dyslexie, la dyspraxie et les troubles envahissants du développement. Ainsi, selon ces études, les aliments contenant des AGHI aideraient à mieux gérer le TDA/H.

Ces acides gras oméga-3 et oméga-6 sont présents dans le poisson et les fruits de mer, certaines noix et graines, ainsi que dans les légumes-feuilles verts. Ils sont essentiels au développement normal et au bon fonctionnement du cerveau.

Par conséquent, une alimentation équilibrée (incluant des acides gras), des habitudes de sommeil appropriées à l'âge de l'enfant, des loisirs permettant de soutenir l'estime de soi et une saine hygiène de vie sont autant de facteurs à prendre en considération.

# L'influence du régime alimentaire

Pendant plusieurs années, le régime alimentaire a été considéré comme la principale cause de l'hyperactivité. Donner des boissons gazeuses aux enfants qui souffrent d'un TDA/H n'est pas recommandé mais, dans la plupart des cas, ce n'est pas un facteur déterminant.

Les études indiquent qu'environ 5 % des enfants atteints d'un TDA/H répondent d'une manière directe à certaines substances contenues dans leur régime alimentaire. Cependant, une alimentation saine comprenant des aliments variés, qui permet le maintien d'un taux de glycémie constant tout au long de la journée, est bénéfique pour tous les enfants. Les enfants provenant de foyers où règne le chaos, où l'un des parents peut aussi avoir des caractéristiques de TDA/H, pourraient ne pas manger des repas sains et nourrissants. Cela devient parfois un problème insoluble.

# La consultation et le mentorat

Finalement, les élèves atteints d'un TDA/H qui éprouvent des difficultés dans plusieurs domaines à l'école, à la maison et dans leurs relations avec leurs pairs ont besoin de parler de leurs problèmes à quelqu'un.

Un enseignant ou un éducateur peut être cette personne, quelqu'un qui les soutient dans leur vie, souvent stressante. Les éducateurs peuvent être tenus de prendre part au processus, surtout avec les élèves plus âgés qui souffrent parfois d'une très faible estime de soi ou de dépression.

# Les principales stratégies liées au TDA/H

En résumé :

- Les élèves souffrant d'un TDA/H sont facilement distraits et sont aussi bien souvent dérangeants. Trouvez des moyens de les occuper grâce à une gestion et à un enseignement proactifs, et donnez-leur l'occasion de bouger, de participer à des activités physiques, etc.
- Attribuez les places en tenant compte du degré d'hyperactivité, d'impulsivité et d'inattention.
- Établissez des objectifs et des attentes réalistes au sein de la classe quant aux résultats scolaires et comportementaux.
- Considérez l'administration de médicaments dans certains cas, avec recommandation de consulter une autorité médicale.
- Tenez compte du régime alimentaire et des options en matière de suppléments diététiques.
- Jumelez l'élève à un éducateur ou à un mentor.

# Je ne veux pas apprendre: le TOP

# Le trouble oppositionnel avec provocation

Souvent, le TOP (*voir l'annexe 2*) chevauche le TDA/H et le TC, et touche les individus qui présentent ces quatre caractéristiques :

- Se disputent avec les adultes ;
- Opposent un refus et défient l'autorité ;
- Sont fâchés et sur la défensive ;
- Sont méchants et rancuniers.

Ce sont des spécialistes de l'argumentation, ceux qui n'abandonnent jamais et dont ce n'est jamais la faute. Ils peuvent être verbalement très agressifs lors d'une confrontation publique. Ils ont un désir de riposter : plus vous mettez de pression, plus vous vous heurtez à l'opposition. Si vous les réprimandez, ils peuvent exploser, ou simplement sourire. C'est le genre de réaction qui vous fera sûrement bouillir.

# Intervenir auprès des élèves TOP

Travailler avec des élèves présentant un TOP nécessite un bon équilibre entre ces trois attitudes :

- La fermeté ;
- La flexibilité ;
- L'impartialité.

Voyons trois différentes manières d'intervenir dans une situation particulière.

Une enseignante remarque Sarah, une élève de 13 ans, dans le corridor. C'est sa première journée d'école depuis sa suspension de deux jours pour avoir injurié un enseignant. Elle porte des bottes noires, alors que, pour circuler dans l'école, le code vestimentaire indique clairement qu'il faut porter des souliers.

# L'intervention – situation 1

E : Sarah, pourquoi portes-tu tes bottes dans les corridors ? Elles sont interdites.

S : Des bottes, des bottes… mais pourquoi vous en faites-vous tant pour de stupides bottes ? J'arrive à peine à l'école. J'ai été au cours ennuyeux de monsieur Germain et je me suis bien comportée, même s'il veut me renvoyer encore… et vous vous en prenez à mes bottes. Vous me faites rire.

E : Sarah, tu te feras suspendre à nouveau avec cette attitude. Est-ce vraiment ce que tu veux ?

S : Ce que je veux, c'est que vous me laissiez tranquille et que vous vous occupiez de vos affaires.

E : Sarah, ça suffit. Va tout de suite au bureau du directeur. Tu dois te conformer au code vestimentaire de l'école.

S : Allez vous faire voir.

*Sarah s'en va, furieuse, et donne un coup de pied dans la porte devant elle.*

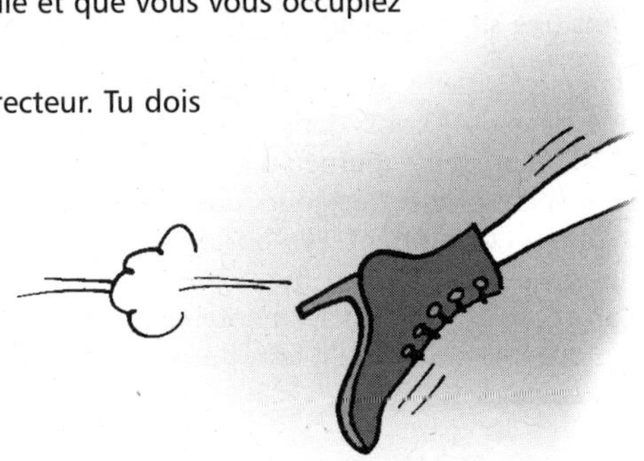

# L'intervention – situation 2

E : Sarah, pourquoi portes-tu tes bottes dans les corridors ? Elles sont interdites.

S : Des bottes, des bottes… mais pourquoi vous en faites-vous tant pour de stupides bottes ? J'arrive à peine à l'école. J'ai été au cours ennuyeux de monsieur Germain et je me suis bien comportée, même s'il veut me renvoyer encore… et vous vous en prenez à mes bottes. Vous me faites rire.

E : Tu sais Sarah, je n'essaie pas de te compliquer la vie, mais si je te laisse porter ces bottes, d'autres élèves en porteront aussi et, dans ce cas, que pourrai-je faire ?

S : Je m'en moque de ce que vous ferez. Je veux que vous me laissiez tranquille et que vous vous occupiez de vos affaires.

E : Sarah, ce n'est pas une façon polie de me répondre, mais, comme je peux voir, tu es de mauvaise humeur aujourd'hui ; je te parlerai donc plus tard, quand tu seras plus calme.

S : Ouais, c'est ça.

*Sarah tourne le dos à l'enseignante, sourit et se dirige nonchalamment vers la porte.*

# L'intervention – situation 3

E : Sarah, je suis contente de te revoir à l'école, mais je ne suis pas aussi contente de voir les bottes que tu portes !

S : Des bottes, des bottes… mais pourquoi vous en faites-vous tant pour de stupides bottes ? J'arrive à peine à l'école. J'ai été au cours ennuyeux de monsieur Germain et je me suis bien comportée, même s'il veut me renvoyer encore… et vous vous en prenez à mes bottes. Vous me faites rire.

E : Sarah, selon les règles et le code vestimentaire, les élèves doivent porter des chaussures dans l'école, et c'est ce que je veux que tu portes.

S : Ce que je veux est que vous me laissiez tranquille et que vous vous occupiez de vos affaires.

E : T'aider à réussir à l'école et faire respecter les règles de vie font partie de mes affaires et, demain, je veux que tu portes des chaussures appropriées. D'accord ?

S : Peut-être.

E : J'avoue que ces bottes sont tout de même très jolies.

*Sarah regarde ses bottes, les époussette du revers de la main et ouvre la porte.*

# En résumé

Revoyons les résultats de ces trois façons d'intervenir concernant cet exemple.

Dans la situation 1, l'enseignante est **ferme**, mais elle adopte en quelque sorte une attitude de confrontation concernant l'**impartialité** de l'application du code vestimentaire pour tous les élèves. Puisqu'elle suit les règles à la lettre, son **inflexibilité** aggrave la situation, ce qui fait enrager Sarah. Le problème n'est pas résolu.

Dans la situation 2, l'enseignante tente d'être **flexible**, mais laisse tomber la discussion sur le code vestimentaire et l'**impartialité** au sein des élèves, en raison de l'agitation de Sarah. Cela compromet sa **fermeté** et, par conséquent, le respect qu'on lui porte. Sarah croit fermement que l'enseignante est faible et qu'elle-même est supérieure.

# En résumé *(suite)*

Dans la situation 3, cependant, l'enseignante présente un bon amalgame de ces trois attitudes. Elle commence en accueillant l'élève et applique le règlement, sans recourir à la confrontation.

Après la crise initiale de Sarah, l'enseignante applique encore le règlement d'un ton **ferme**, en mettant l'accent sur son **impartialité** au sein de la communauté des élèves.

Malgré une deuxième crise, l'enseignante demeure **ferme**, mais est aussi **flexible**, en n'insistant pas pour que Sarah aille immédiatement changer de chaussures, surtout parce que celle-ci revient tout juste d'une suspension.

Finalement, cette enseignante emploie une autre attitude: elle intègre un peu d'**humour**, même dans cette pénible situation. Son dernier commentaire encourage une relation positive avec l'élève et favorise un changement de comportement à long terme.

# La gestion de l'humeur

Les élèves qui reçoivent un diagnostic de TOP n'entrent pas dans une catégorie d'âge particulière – elle se situe entre 4 et 17 ans –, mais c'est souvent au cours des années imprévisibles de l'adolescence que les enseignants observent les effets les plus importants.

Il est vrai que tous les adolescents peuvent être d'humeur changeante et avoir du mal à raisonner pendant ces périodes, mais avoir un TOP crée un effet encore plus dévastateur. Les adolescents qui présentent un TOP croient que le monde entier est contre eux, et leur humeur est très imprévisible.

Même si l'on considère que les changements sur le plan du développement, comme la croissance et les hormones, sont souvent la cause de la crise d'adolescence, les résultats d'une étude effectuée en 2002 mettent en lumière les raisons pour lesquelles certains individus semblent croire que « tout le monde leur en veut ».

# La gestion de l'humeur *(suite)*

En 2002, McGivern a travaillé avec 250 sujets âgés de 10 à 22 ans pour évaluer leur capacité à déchiffrer les expressions faciales. Il a découvert que les adolescents sont moins doués que les jeunes enfants. Les moins compétents sont les jeunes de 12 ans, qui n'atteignent que 20 % de la capacité des jeunes de 10 ans, et qui ne retrouveront cette capacité optimale qu'à l'âge de 15 ans.

Ajoutez à cela la croyance voulant que les élèves aux prises avec un TOP aient plus de difficulté à comprendre ou à saisir les indices sociaux courants, et vous constaterez que les adolescents atteints d'un TOP ont effectivement plus de mal à lire le langage corporel. Par conséquent, ils peuvent mal interpréter certaines situations et répondre de manière inappropriée ou imprévisible.

Par contre, la capacité à déchiffrer l'humeur très fragile des élèves atteints d'un TOP est essentielle dans vos rapports avec eux. Les prochaines pages indiquent ce qu'il faut faire et ce qu'il convient d'éviter en situation explosive.

Voyons ci-après le cas d'Ariane.

# La gestion de l'humeur – situation 1

*L'enseignante observe la classe et voit Noémie se retourner pour dire quelque chose à Ariane, située deux rangées derrière.*

E : *(Voix forte.)* Noémie, tourne-toi, maintenant.

*Ariane se lève, commence à crier et enjambe un pupitre en se dirigeant vers Noémie.*

A : Je te ferai payer ça, grosse vache.

E : Ariane, retourne à ton pupitre tout de suite.

A : Madame, Noémie m'a traitée de ***** et je vais lui faire payer.

E : Non, tu ne le feras pas ; retourne à ton pupitre, maintenant. C'est la deuxième fois cette semaine que je dois intervenir à ton sujet.

A : Mais, madame…

*L'enseignante s'approche d'Ariane, en criant et en maintenant son index à 15 cm de son nez…*

E : Mais rien ! Assieds-toi maintenant, et remets-toi au travail !

A : Je ne suis pas obligée de t'écouter.

*Ariane sort furieusement de la classe et sourit avec mépris à Noémie en sortant…*

A : Je t'aurai à la pause.

# La gestion de l'humeur – situation 2

*L'enseignante observe la classe et voit Noémie se retourner pour dire quelque chose à Ariane, située deux rangées derrière.*

E : Ariane, as-tu terminé ton travail ?

*Ariane se lève, commence à crier et enjambe un pupitre en se dirigeant vers Noémie.*

A : Je te ferai payer ça, grosse vache.

E : Ariane, tu dois retourner à ton pupitre et terminer ton travail.

A : Madame, Noémie m'a traitée de ***** et je vais lui faire payer.

E : Ariane, j'aimerais que tu t'assoies à ton pupitre et que tu poursuives ton travail.

A : Mais, madame…

*L'enseignante se déplace entre Noémie et Ariane…*

E : Ariane, j'aimerais que tu t'assoies à ton pupitre et que tu poursuives ton travail.

*Elle s'assoit avec réticence, en fulminant.*

E : Noémie, accorde-moi une minute. Peux-tu venir à mon bureau pour discuter ? Ariane, nous discuterons plus tard.

# La situation 1 – analyse

Dans la situation 1, le problème n'est pas résolu pour plusieurs raisons.

En disant : « Tourne-toi, maintenant », l'enseignante s'occupe des actions de Noémie, sans tenir compte du but principal du cours, qui est de vérifier que les élèves font bien leurs travaux.

À ce point, la confrontation s'accroît par le ton de l'enseignante et par le fait qu'elle énonce un incident précédent impliquant Ariane, ce qui enflamme la situation.

Lever son doigt vers le visage d'Ariane menace celle-ci publiquement et mène à une conclusion prévisible.

Ariane, à ce moment, a perdu la maîtrise d'elle-même, et l'enseignante, en se servant de son autorité, émet un commentaire final qui ne fait qu'envenimer la situation, ce qui pousse Ariane à sortir furieusement de la classe.

# La situation 2 – analyse

Dans la situation 2, l'enseignante adopte une approche différente qui fonctionne mieux pour les raisons suivantes :

Au départ, on a l'impression que l'enseignante ignore la situation, mais elle se concentre en fait sur la principale raison de la présence des élèves en classe, c'est-à-dire faire leurs travaux.

Quand cela ne fonctionne pas, l'enseignante change d'approche. Elle se sert efficacement et sans confrontation de son langage corporel, en se déplaçant dans la pièce ; elle désamorce ainsi l'incident rapidement et efficacement.

Finalement, l'enseignante laisse savoir à tous que l'incident n'est pas oublié, mais que le principal objectif, pour le moment, est le travail. En parlant d'abord à Noémie, elle donne à Ariane la chance de se calmer, tout en lui laissant savoir qu'elle sait que Noémie est en grande partie responsable de l'incident.

# À faire et à éviter

Pour réussir les interventions auprès des élèves atteints d'un TOP, il importe de leur manifester du « respect » devant leurs « camarades ». Par conséquent, les discussions portant sur la gestion de leurs frustrations doivent être effectuées en privé, loin des yeux curieux du reste du groupe. Si vous devez intervenir auprès de ces élèves en public, faites attention à votre langage corporel et évitez les gestes agressifs.

**À éviter :**

- Crier.
- Se tenir trop près de l'élève.
- Hausser le ton si l'élève le fait.
- Accepter les conflits en public.
- Communiquer agressivement de manière non verbale : agitation des bras, expressions faciales agressives.
- Signaler des incidents précédents. Par exemple, si vous réglez le cas de Guillaume qui injurie Chloé, attardez-vous à ce problème ; vous ne devez pas vous fâcher et dire : « En plus, tu ne rapportes jamais tes devoirs. »

# À faire et à éviter (*suite*)

**À faire :**

- Donner aux élèves la chance de parler. Ils veulent être entendus et doivent se libérer des problèmes qui sont importants **à leurs yeux.**
- Proposer plusieurs résultats possibles et diverses avenues qui vous semblent acceptables, afin qu'*ils* détiennent le pouvoir de décision et SAUVENT LA FACE en public.
- Tenter de détourner leur attention à l'aide de techniques de recadrage.
- Se concentrer sur l'incident, et non sur l'élève ; éviter de le personnaliser.
- Demeurer dans le sujet sans se détourner de son objectif (*voir la page suivante*).

Pour bien gérer les élèves présentant un TOP, il importe de ne pas se laisser distraire par des comportements secondaires : ces élèves essaieront de vous manipuler à coup sûr.

# Comment maîtriser la situation ?

Utilisez la technique de la répétition ou du « disque rayé » pour rester concentré sur le principal problème :

« Thomas, je veux que tu t'assoies sur cette chaise. »

« Mais, madame, Daniel me dérange toujours. »

« Thomas, je veux que tu t'assoies sur cette chaise. »

« Je ne peux pas, elle est trop près de mon bureau. »

« Thomas, je veux que tu t'assoies sur cette chaise. »

Persistez, vous verrez, c'est très efficace.

# D'autres conseils

Trois techniques à essayer :

1. Faire référence **aux droits et aux responsabilités** et exprimer des regrets quant à la sanction attribuée. L'élève devra assumer les conséquences de son comportement inapproprié. Les sanctions peuvent être attribuées conformément aux droits et aux responsabilités énoncés dans le code de vie de l'école. Ne semblez jamais heureux de donner une sanction ; feignez plutôt d'en être attristé, par exemple : « Nous en sommes arrivés là ; tu ne me laisses aucun choix. »

2. Recourir aux **contrats de comportement** ou à d'**autres professionnels** si la provocation, la colère et la frustration surviennent. Parfois, les élèves ont besoin d'un outil plus structuré pour les aider à évaluer régulièrement leur comportement.

3. La troisième technique consiste à **recourir à l'humour**. C'est souvent un bon moyen de composer avec un élève qui s'oppose. Faites attention, un bon lien avec l'élève est nécessaire, mais ce dernier ne doit pas percevoir que vous vous moquez de lui. Le moment choisi est crucial, mais même dans les circonstances les plus pénibles, cette stratégie peut s'avérer efficace.

# Je me moque d'apprendre : le TC

# Le trouble des conduites

Plusieurs caractéristiques déterminantes sont liées au trouble des conduites (*voir l'annexe 3*).

Les élèves atteints d'un TC présentent souvent des comportements dangereux et problématiques, dont les quatre principaux aspects sont les suivants :

- Agression envers des gens ou des animaux ;
- Destruction de biens ;
- Tromperie ou vol ;
- Violations graves des règles.

D'après la documentation et les études disponibles, les raisons d'agir d'un élève présentant un TC diffèrent largement et peuvent être attribuées à l'éducation ou à la nature de l'individu. Une chose est certaine : les élèves atteints d'un TC adoptent une gamme de comportements antisociaux et planifient leurs actions.

# Le trouble des conduites *(suite)*

Les élèves aux prises avec un TC peuvent être bien maîtrisés, comparativement aux élèves atteints d'un TDA/H ou d'un TOP, mais, selon moi, il est plus difficile de travailler avec eux.

Les élèves présentant un TC sont comme des icebergs, pas parce qu'ils sont froids et possiblement dangereux (quoique plusieurs d'entre eux le soient), mais parce qu'on ne voit qu'un petit aperçu d'eux-mêmes.

> *Il est difficile de déterminer ce que Samuel sait, car il ne fait pas ses travaux, même s'il en est capable. Il semble se retourner contre certains de ses enseignants et décide d'être dérangeant dans les cours qu'il n'aime pas. Son attitude prête à confusion, car nous avons l'impression qu'il refuse toute aide et qu'il semble parfois avoir ses propres raisons d'agir.*
>
> Commentaire émis sur le bulletin par l'enseignant d'une classe d'élèves de 13 ans.

# Les 3 « R »

De tous les comportements difficiles, c'est le TC qui répond le mieux au modèle des 3 « R » :

- **R**espect ;
- **R**elations interpersonnelles ;
- **R**ôle positif à imiter (modèle de rôle).

Même s'il est difficile de déterminer avec certitude les raisons qui sous-tendent un TC, il est évident que les élèves qui en sont atteints travaillent plus efficacement avec les gens qui, selon eux, les respectent, pour quelque raison que ce soit.

Cependant, le respect peut être obtenu par l'intermédiaire d'actions négatives ou positives. Nous pouvons songer à des élèves qui « respectent » leurs camarades en raison du comportement dérangeant de ces derniers. Les enseignants doivent montrer aux élèves atteints d'un TC comment obtenir le respect des autres au moyen de bons comportements.

# Intervenir auprès des élèves

Les élèves aux prises avec un TC sont souvent considérés comme antisociaux, car :

- ils peuvent être ouvertement ou secrètement agressifs ;
- ils enfreignent constamment les règles ;
- ils mentent pour échapper à leurs responsabilités.

La vérité est que personne n'est réellement antisocial ; ces élèves ont besoin que vous les aidiez à réussir et que vous leur donniez des exemples de comportements à adopter. Rappelez-vous :

- Vous ne pouvez *maîtriser* le comportement de personne, hormis le vôtre. (Les élèves atteints d'un TC ont leur situation en main ; des compromis peuvent donc être nécessaires.)
- La manière dont les enseignants se comportent envers un élève peut influer sur la façon dont les autres élèves s'adressent à lui.

Il n'y a aucune demi-mesure quand vous travaillez avec ces élèves. Vous devez vous engager. Songez à cette analogie du football : les joueurs se rendent rapidement compte que le meilleur moyen d'éviter les blessures est de plaquer correctement, en faisant preuve de courage et de détermination. C'est un minimum pour éviter les blessures.

# Préserver leur dignité

Les élèves présentant un TC ont tendance à être des chefs, et non des partisans. Par conséquent, pour que les 3 « R » soient efficaces, il est souvent préférable, même après un incident, de faire preuve d'une certaine retenue et de fournir une réponse positive.

Le langage utilisé et la manière de l'utiliser sont importants, comme dans l'exemple suivant :

- « Même si je sais que tu as une opinion arrêtée sur le sujet, je te remercie d'avoir laissé Matthieu parler. »
- « Je sais que tu crois que c'est injuste, mais je te remercie d'avoir laissé Ruth parler en premier. »
- « Je vois que tu as pris en considération la situation (l'idée, la consigne), même si je sais que tu n'es pas d'accord. »

**« Ce n'est pas ce que tu fais, mais la façon dont tu le fais...**
**... C'est ce qui donne des résultats. »**

# Le respect

Puisqu'ils aiment maîtriser la situation, les élèves atteints d'un TC tenteront de dominer les enseignants et leur territoire. Quand ils sont frustrés, ils peuvent prendre plusieurs mesures pour intimider et interrompre l'enseignant, tout en essayant de dominer les autres élèves. Par conséquent, ils peuvent compromettre votre gestion du reste du groupe. Soyons honnêtes : il est difficile de les apprécier.

Même si l'idéal est d'aimer tous les élèves avec qui vous travaillez, la vérité est que c'est impossible. Certains élèves rendent cette tâche difficile. La clé réside dans le respect mutuel.

# Le conflit imminent : savoir anticiper

Comme pour les élèves aux prises avec un TDA/H et un TOP, une grande partie des interventions auprès de celui qui présente un TC consiste à déchiffrer l'humeur de l'élève et à agir en conséquence. Tentez de repérer ces signes :

- Est réticent à communiquer ;
- Regarde ailleurs en parlant ;
- Se déplace, ne demeure pas en place ;
- A des sautes d'humeur ;
- Répète fréquemment certaines phrases ;
- A un discours rapide ;
- A un rire faux, sarcastique ;
- Transpire, a le souffle court ou une respiration rapide ;
- Est incapable de se mettre au travail ;
- Semble agité.

Le visage ou le cou de certains élèves rougit avant une crise.
**Comme à l'habitude, ROUGE signifie DANGER.**

# Gérer les confrontations

Lors de confrontations, rappelez-vous la théorie du plaquage. L'efficacité du plaquage (ou gérer les problèmes de comportement des élèves) ne tient pas seulement à ce que vous FAITES, mais aussi au MOMENT où vous le faites. Tout est une question d'anticipation.

> Ce n'est pas une question de sévérité, mais de certitude.
>
> (Bill Rogers, 1997)

Deux types de confrontations surviennent en classe : fermées et ouvertes.

1. **La confrontation fermée** : l'élève vous répond de manière inappropriée, mais les autres peuvent ne pas s'en rendre compte.
2. **La confrontation ouverte** : l'élève vous répond en public et vous met au défi devant tout le groupe.

Les deux situations doivent être réglées, mais chacune de manière différente. Rappelez-vous que, la plupart du temps, l'élève atteint d'un TC essaie d'impressionner ses camarades.

# Gérer les confrontations *(suite)*

Intervenir lors de **confrontations fermées** :

- Demeurer calme et se maîtriser.
- Laisser savoir aux élèves qu'on a remarqué l'incident et qu'on réglera la situation avec eux plus tard.

Intervenir lors de **confrontations ouvertes** :

- Demeurer calme et se maîtriser.
- Effectuer un suivi immédiat.
- Utiliser une approche directe.
- Retirer l'élève du groupe au besoin.

Souvenez-vous de ne jamais personnaliser votre intervention. C'est le *comportement* qui est inacceptable, et *non l'élève*. Le plus important, c'est qu'un suivi *soit* fait, et non son degré de sévérité.

# Gérer les confrontations – situation 1

Dans une classe d'élèves de 13 ans, l'enseignant remet un travail à chaque élève, mais remarque que Nicolas, dans la deuxième rangée, a chiffonné sa feuille et la roule sur son pupitre.

E : Nicolas, mais que fais-tu ?

N : Je fais une balle. Qu'ai-je l'air de faire, selon vous ? *(Deux élèves à proximité rient.)*

E : Déplie ça tout de suite et mets-toi au travail. Je ne t'en donne pas une autre.

N : *(Imite l'enseignant avec un ton sarcastique.)* Je ne t'en donne pas une autre. *(Les élèves rient à nouveau.)*

E : Nicolas, qu'as-tu dit ? Je t'avertis…

N : M'avertir de quoi ? Que vous êtes un idiot ? Vous l'êtes, on le sait.

E : Je ne te laisserai pas me parler comme ça. Sors de cette classe tout de suite.

N : *(Déjà debout.)* Je suis parti… *(Il pense en lui-même : cet enseignant est vraiment trop facile « à faire sauter ».)*

# Gérer les confrontations – situation 2

Dans une classe d'élèves de 13 ans, l'enseignant remet un travail à chaque élève, mais remarque que Nicolas, dans la deuxième rangée, a chiffonné sa feuille et la roule sur son pupitre.

E : Nicolas, tu ne peux pas jouer au basketball dans cette classe, il n'y a pas de panier au mur. *(Deux autres élèves rient.)*

N : *(En grognant.)* Laissez-moi tranquille. Je ne fais pas ce stupide travail. Pas maintenant, pas plus tard.

E : *(En ramassant la boule de papier et en feignant de la lancer dans le bac de recyclage.)* C'est une belle balle, mais elle n'est pas assez lourde pour se rendre au panier et j'en sais quelque chose, car je suis un bon joueur, comme vous le savez tous.

N : Vous n'êtes pas si bon. Je suis meilleur que vous.

E : Tu veux le prouver ? Si tu fais ce travail, on fera une partie à la pause. Cinq tirs chacun.

N : *(Déplie son papier et le défroisse.)* Vous n'avez aucune chance, mon vieux. *(Pense que même s'il n'est qu'un enseignant, il a probablement raison.)*

# La situation 1 – analyse

Dans la situation 1, l'enseignant fait quelques erreurs fondamentales. D'abord, il n'aurait pas dû demander à Nicolas ce qu'il faisait. Il aurait plutôt dû trouver un moyen de le réorienter sur sa tâche ou de l'amener à considérer son travail sans lui faire perdre la face devant les autres.

La situation est maintenant dirigée par Jimmy qui se donne en spectacle devant la classe. L'enseignant est sur la défensive et accentue son erreur en croyant que Nicolas se préoccupe du travail à faire, ce dont il se moque, de toute évidence.

Nicolas croit que les menaces de l'enseignant sont inutiles et a sans doute déjà décidé qu'il quittait la classe. L'enseignant lui ouvre la voie.

Comme plusieurs élèves atteints d'un TC, Nicolas agit sans tenir compte des autres.

# La situation 2 – analyse

Dans la situation 2, l'enseignant prend rapidement le contrôle de la discussion et, même si c'est risqué, se donne en spectacle devant le groupe en faisant une blague sur les gestes de Nicolas.

Nicolas est maintenant plus isolé du reste du groupe et se retrouve en quelque sorte coincé. Cela pourrait engendrer une réaction explosive de la part de l'élève, mais un autre élève qui se maîtrise mieux laissera l'enseignant faire le prochain pas.

L'enseignant, par instinct ou par anticipation, maintient sa stratégie initiale et, en se moquant légèrement, lance un autre défi à Nicolas devant tout le groupe.

Nicolas est attiré par le défi et ne peut résister à y répondre.

Comme ils ont déjà discuté de leur intérêt commun pour le sport dans le passé, l'enseignant met en doute les capacités de Nicolas.

Nicolas accepte le défi pour deux raisons possibles : soit il aime l'idée elle-même, soit il aime la façon dont l'enseignant a présenté l'idée.

# Les abus verbaux et la violence corporelle

Il est approprié de planifier la façon d'intervenir lors de situations explosives.

Quand les élèves vous insultent ou utilisent un langage agressif, vous devez intervenir sur-le-champ. Il n'est pas question d'ignorer ce genre de comportement. Ces attitudes peuvent nous bouleverser nous fâcher. Cependant, il est important d'aller au-delà du comportement et de ne pas en faire une affaire personnelle.

En réalité, même si l'attaque verbale vous est adressée, elle est souvent le résultat d'une frustration ou d'une perte de maîtrise concernant un autre problème. Ce qu'il faut faire :

- Rester calme.
- Intervenir de façon directe auprès de l'élève.
- Faire connaître son désaccord sur la façon de s'exprimer de l'élève.
- Appliquer les conséquences selon les règles sur le manque de respect.
- Revenir sur la situation avec l'élève et le groupe selon les circonstances.

L'important est de ne pas réagir excessivement, car cela pourrait aggraver la situation plutôt que l'apaiser.

# Les abus verbaux

Quand des incidents surviennent entre un élève atteint d'un TC et un autre élève, ils sont souvent le résultat de l'accumulation de problèmes antérieurs, comme c'est parfois le cas entre deux filles, car celles-ci gardent plus facilement rancune.

Ce que vous devez faire :

- Interrompre l'altercation et séparer les élèves concernés.
- Interroger les élèves pour trouver l'origine du désaccord.
- Interroger les élèves témoins de l'incident pour en savoir davantage (ne fonctionne pas toujours).
- Chercher une solution avec les élèves concernés.

Entre garçons, l'abus verbal est généralement utilisé comme moyen de se moquer et de défendre sa position dans le groupe.

# La violence corporelle

Les batailles entre les élèves surviennent assez rarement, mais, si c'est le cas, elles se produisent en public et provoquent beaucoup d'excitation chez les autres élèves. Vous devrez ainsi maîtriser la foule, en plus des contrevenants.

- Demander de l'aide en envoyant un élève chercher un autre adulte.
- Disperser le public.
- Faire de son mieux pour séparer les individus.
- Détendre l'atmosphère entre les élèves prenant part à la bataille.
- Interroger les élèves concernés pour trouver l'origine de l'incident.

Vous n'avez pas à suivre la liste dans cet ordre précis : les intervenants agissent selon leur intuition. Certaines personnes voudront d'abord séparer les individus. Agissez et réagissez selon la situation en cours.

# Gérer les comportements problématiques

Comme nous l'avons vu précédemment, composer avec des élèves qui présentent des comportements problématiques est plus facile quand vous saisissez le message qui se cache derrière ce comportement et que vous en comprenez les causes sociales ou neurologiques.

Le prochain chapitre traite d'une approche plus globale, applicable dans l'ensemble de l'établissement, pour composer avec une vaste gamme d'élèves qui peuvent n'avoir reçu aucun diagnostic précis ou qui présentent différents types de comportements problématiques.

Introduction

Les facteurs de risque

Je ne peux pas apprendre : le TDA/H

Je ne veux pas apprendre : le TOP

Je me moque d'apprendre : le TC

Les cinq éléments incontournables

De l'information supplémentaire

# Les cinq éléments incontournables

# Les cinq éléments incontournables

## LES RÈGLES

## LA CLASSE

## LE COMPORTEMENT

## LES INCITATIFS

## LES PERSONNES

À l'école, nous touchons plusieurs aspects de la vie des élèves. Les cinq éléments présentés sont des ingrédients essentiels à l'émergence de bons comportements.

# Les règles

Un facteur déterminant pour l'émergence d'un bon comportement, c'est que tous acceptent leurs responsabilités : les enseignants, les élèves et les parents. Pour établir un comportement positif au sein de la communauté scolaire, il faut mettre en place une structure explicite afin que *chaque* personne concernée connaisse bien les attentes exprimées.

La première étape consiste à **établir des règles** au sein de la communauté et à les rendre compréhensibles pour tous. Dans l'école, toutes les parties concernées doivent adhérer à trois principes fondamentaux :

1. Une application constante des attentes et des règles établies en matière de comportement.
2. Une utilisation cohérente d'encouragements et de sanctions efficaces pour soutenir ces attentes et ces règles.
3. Un processus continu visant à définir les attentes et règles clés en matière de comportement.

# Les règles *(suite)*

La conception et la mise en vigueur des règles différeront d'une école à l'autre, mais il est essentiel qu'elles soient revues, analysées et adaptées aux changements qui risquent de se produire d'une année à l'autre. Il faut se demander ce qui suit :

- Les règles sont-elles à jour ?
- Le nombre de règles est-il raisonnable ? (de 8 à 10)
- Les règles invitent-elles à l'action ? Sont-elles appropriées ?
- Les règles ont-elles été acceptées par *toutes* les parties concernées ?

Quand les règles sont établies, un contrat devrait être signé et contresigné pour rendre formel l'engagement des trois parties par rapport à un comportement positif.

# Les règles *(suite)*

Le plus gros problème avec les élèves en difficulté de comportement, c'est de maintenir les règles. Je vous suggère de classer les problèmes en deux groupes : ceux à incidence grave et ceux qui, bien que dérangeants et désagréables, sont moins graves.

**Groupe 1**

Abus verbal, violence corporelle

Vol

Consommation de substances illicites

Présence, ponctualité

Code vestimentaire, utilisation du cellulaire

**Groupe 2**

Désorganisation

Parler sans attendre l'autorisation

Agitation

Manque de concentration

Ce type de classement doit tenir compte de l'enseignant, de l'élève et de la culture de l'école. L'important, c'est que l'intervention soit orientée vers l'objectif d'aider l'élève et non de le punir.

# La classe

Les cours de récréation, les corridors et les toilettes sont des endroits propices aux incidents et devraient être régis par des politiques de supervision et de gestion particulières. Toutefois, c'est dans la classe que les élèves passent la plus grande partie de leur temps.

Même si plusieurs personnes l'occupent, la classe est le bureau de l'enseignant. Par conséquent, il lui revient de décider de ce qui s'y passe et de la manière dont ça se passe.

Il y a 20 ans, quand j'étais stagiaire, un enseignant d'expérience du département m'a donné ce conseil par rapport à la gestion de la classe :

Simple, mais précieux.

# La classe *(suite)*

La gestion de la classe s'appuie sur plusieurs principes :

- La surveillance des élèves qui entrent et sortent de la classe ;
- Une bonne organisation de la pièce (attribution des places, éclairage, acoustique et température) ;
- La clarté des objectifs de la leçon ;
- Une bonne communication et une bonne transmission du contenu de la leçon ;
- Un horaire bien équilibré ;
- Un emploi efficace des ressources ;
- Trois attitudes gagnantes : fermeté, impartialité et flexibilité.

# La classe *(suite)*

Voici d'autres principes à se rappeler :

Accueillez vos élèves chaleureusement, commencez la leçon le plus rapidement possible, enseignez debout, changez le rythme de votre cours, assignez des places à chacun, expliquez comment se déplacer adéquatement en classe et surveillez la sortie de vos élèves à la fin de la leçon.

Trouvez des réponses à ces questions, cela peut également vous aider :

- Avez-vous réduit au minimum les distractions externes ?
- Pouvez-vous placer les meubles ou les chaises de manière à éviter les bousculades ?
- Pouvez-vous voir vos élèves en tout temps ? Vous déplacez-vous dans la pièce ou demeurez-vous à votre bureau, en face du groupe ?
- Votre matériel est-il adéquat et préparé à l'avance ?

# Le comportement

Pourquoi, dans certains groupes composés d'élèves en difficulté, réussit-on à créer un climat propice à l'enseignement ?

On dit que les élèves atteints d'un TDA/H ne peuvent pas demeurer assis et immobiles pendant les cours théoriques et qu'ils arrivent à se concentrer seulement sur des sujets comme l'informatique ou les arts. À titre de conseiller en comportement, je visite régulièrement des écoles et je peux vous affirmer que j'ai vu des élèves présentant un TDA/H se comporter de manière exemplaire dans certains cours théoriques et être très dérangeants en arts.

La différence ne réside pas nécessairement dans la matière enseignée : elle est souvent liée à l'attitude et à la compétence de l'enseignant.

# Le comportement (*suite*)

Quelles sont les pistes qui peuvent nous aider ?

C'est la combinaison d'une application constante du bon sens et des actions suivantes :

- Être capable de reconnaître les élèves problématiques et leurs besoins particuliers.
- Apprendre à reconnaître les conditions dans lesquelles apparaissent les dérèglements et les besoins précis qui y sont liés.
- Établir des limites claires et précises dans la classe.
- Proposer des choix quand des incidents surviennent, par exemple : « Jasmine, tu dois t'asseoir soit à côté de Maryline, soit à ce bureau, près de Carlos. »
- Introduire une différenciation de l'enseignement pour les élèves ayant des troubles d'apprentissage.
- Prévoir des plans d'urgence en cas de crise pour éliminer un problème ou exclure un élève au besoin.
- Anticiper les difficultés.
- Travailler en collaboration avec les éducateurs – qui ont généralement de bonnes connaissances en ce qui a trait aux élèves en difficulté.

# Le comportement *(suite)*

- Utiliser l'influence du groupe et faire que la classe devienne une équipe :
  - en cultivant un sentiment d'appartenance et de fierté ;
  - en assurant la sécurité des individus ;
  - en aidant certains élèves à s'aider eux-mêmes à agir de façon positive.

Enfin, rappelez-vous les trois qualités essentielles mentionnées précédemment : **fermeté**, **impartialité** et **flexibilité**.

# Le comportement *(suite)*

Lorsque vous cherchez à reconnaître les conditions d'apparition des dérèglements, cherchez à savoir ce qui suit :

1. Quand les problèmes surviennent-ils (après la récréation, au début ou à la fin du cours, pendant les périodes de travail individuel) ?
2. Quels sont les éléments déclencheurs (interactions avec d'autres élèves, ennui, tâches particulières) ?
3. Lors d'une confrontation, comment réagit l'élève ?
4. Comment votre réponse à l'élève influe-t-elle sur le résultat ?
5. Qu'est-ce qui semble avoir un effet positif (votre approche, l'humour, la pression des pairs, un changement de tâche) ?

Une fois que vous avez appris à déterminer les éléments déclencheurs, il vous est plus facile de prévenir les incidents.

(Il existe d'excellentes ressources pour la gestion de classe avec des élèves en difficulté de comportement. *Voir à ce sujet l'ouvrage de C. Sanfaçon, 2005.*)

# Les incitatifs

Pour la plupart des apprenants traditionnels, la motivation est liée au fait d'obtenir de bonnes notes, aux marques d'encouragement de l'enseignant et à la possibilité de réussir dans la vie. Ces éléments les incitent à accepter l'idée de se conformer. Ils effectuent leurs travaux et suivent les règles, jusqu'à un maximum de 5 heures par jour, 5 jours par semaine, 180 jours par année.

Pour les élèves qui ne peuvent pas ou ne veulent pas apprendre, ou pour ceux qui s'en moquent, la motivation est différente ; les incitatifs doivent donc l'être aussi.

# Les incitatifs *(suite)*

Quels sont ces incitatifs ?

- Des commentaires positifs.
- Des récompenses : des certificats, des jetons, des sorties éducatives.
- Une communication avec la maison.
- La liberté de mouvement.
- Des options liées à la vidéo ou à l'informatique.
- La possibilité de faire des choix.
- L'attribution de responsabilités.
- Des systèmes particuliers d'ententes, par exemple pour obtenir des privilèges.

Ces incitatifs doivent être accessibles pour tous les élèves ; sinon, ces derniers perdront leur valeur et leur intérêt.

# Les incitatifs (*suite*)

Le directeur d'une équipe de soccer connue, respecté par ses joueurs, avait l'habitude de récompenser le meilleur joueur à la fin des séances d'entraînement en glissant une menthe dans son sac.

Pouvez-vous imaginer tous ces millionnaires dans le stationnement, vérifiant leur sac et se faisant compétition pour voir qui avait obtenu la menthe ?

***Ce qui importe n'est pas ce que vous donnez ; c'est à quel point vous réussissez à les convaincre de le vouloir.***

# Les incitatifs (*suite*)

Même s'il est vrai que les récompenses changent le comportement alors que les sanctions ou les éléments dissuasifs n'y parviennent généralement pas, ces derniers *peuvent* cependant vous donner le temps nécessaire à l'enseignement des comportements appropriés. Les éléments dissuasifs peuvent inclure :

- la perte de récompenses ou de privilèges ;
- le déplacement de l'élève vers un autre local ;
- la reprise du temps perdu ;
- les travaux communautaires ;
- les travaux de réflexion ;
- les différentes retenues ;
- les suspensions internes ou à la maison ;
- les communications avec la maison.

Les élèves doivent savoir que leurs comportements entraîneront des conséquences, qu'elles soient positives ou négatives. C'est une chose qu'ils sont en mesure de comprendre ; en fin de compte, quand le principe est appliqué avec constance et cohérence, ils se sentent en sécurité.

# Les parents

Essentiels au succès d'une bonne démarche en éducation, on retrouve les parents, ces gens qui ont la plus grande influence dans la vie de leurs enfants. Établir une relation positive avec eux est crucial.

Il se peut que les choses s'enveniment avec les parents qui sont fâchés contre l'école ou un enseignant en particulier qui, selon eux, en veut à leur enfant. C'est souvent le résultat d'une mauvaise communication entre l'école et la maison. Pour établir des relations fructueuses, vous devez faire de la communication un processus continu, en utilisant tous les moyens de contact possibles :

- Communiquer avec eux par téléphone, courriel, lettre, texte ;
- Planifier des rencontres avec les parents ;
- Utiliser les agendas et les bulletins.

Rappelez-vous : les élèves aux prises avec un TDA/H, un TOP ou un TC peuvent exercer une grande pression sur les relations familiales. Les parents peuvent avoir besoin de conseils quant à leur compétence parentale et d'aide pour prendre soin d'eux-mêmes et de leurs enfants. Les enseignants peuvent alors proposer des groupes de soutien aux parents, par exemple le Regroupement des associations de parents PANDA du Québec (Parents aptes à négocier le déficit de l'attention), une référence en matière d'aide aux nombreuses associations PANDA et aux parents ayant un enfant atteint d'un trouble du déficit de l'attention avec ou sans hyperactivité.

# Les parents ou leurs suppléants

Au cours des rencontres et des conversations téléphoniques avec les parents, voici ce qu'il faut faire :

- Écouter et acquiescer – leur permettre de s'exprimer sans les interrompre ;
- Leur demander ce dont ils ont besoin pour résoudre le problème ;
- Accepter les demandes raisonnables. Trouver la personne qui pourrait y répondre et déterminer le moment idéal pour le faire ;
- Établir une date précise et réaliste à laquelle on communiquera avec eux pour leur faire part des progrès ;
- Les remercier et leur rappeler l'intérêt que l'on porte à leur enfant.

Au début de la rencontre, il est bien d'établir une limite de temps et de la respecter. Vous pouvez prévoir une rencontre de suivi au besoin.

# Les élèves et les enseignants

Lors d'une étude dans une école, on a demandé aux élèves de nommer les caractéristiques d'un enseignant efficace ou inefficace. Voici un résumé de leurs réponses :

Les enseignants inefficaces :

- semblent embrouillés et incertains lorsqu'ils font face à un comportement inapproprié ;
- font des menaces et ne prennent pas les mesures appropriées.

Les enseignants efficaces :

- s'occupent des comportements inappropriés ;
- sont fermes mais justes dans leur discipline ;
- présentent des directives et des limites clairement définies en matière de comportement ;
- répondent avec assurance.

# Les enseignants

La colère et la frustration sont des réponses naturelles pour qui travaille avec des élèves en difficulté de comportement. Vous ressentirez souvent ces émotions à la suite d'incidents particuliers ou du train-train quotidien. Vous ne gagnerez pas toutes les batailles et ne sauverez pas tous les enfants (n'y songez même pas).

Cependant, n'oubliez jamais que, même si ce n'est pas toujours évident, vous **faites une différence,** et que les enfants qui éprouvent des difficultés à l'école et qui en viennent à bout invoqueront généralement cette raison à leur réussite :

« Un jour, quelqu'un a cru en moi. »

Ce n'est pas facile, mais pas impossible d'aider les enfants qui sont désintéressés, incapables et souvent mécontents, afin qu'ils deviennent intéressés, capables et contents.

# De l'information supplémentaire

# Annexe 1

## Le trouble du déficit de l'attention avec ou sans hyperactivité[2]

### TDA/H : type inattention prédominante (A)

Six des symptômes ci-dessous ou plus persistent depuis au moins six mois, dans deux environnements différents ou plus, par exemple en milieu scolaire et familial, et ne correspondent pas au comportement des autres élèves.

**Inattention**

- Ne semble pas écouter quand on s'adresse directement à lui.
- A du mal à organiser les tâches et les activités.
- Ne porte pas attention aux détails ou fait des erreurs par négligence dans ses travaux écrits ou d'autres activités.
- A du mal à maintenir son attention pour travailler ou jouer.
- Ne suit pas les consignes et ne termine pas ses travaux ou les corvées.
- Perd du matériel utile aux tâches et aux activités, comme des livres, des crayons, etc.
- Évite ce qu'il n'aime pas et les tâches qui exigent un effort mental soutenu.
- Est négligent.
- Est facilement distrait.

2. D'après l'American Psychiatric Association, *Manuel diagnostique et statistique des troubles mentaux*, quatrième édition (DSM-IV), Paris, Masson, 2003.

# Annexe 1 *(suite)*

## Le trouble du déficit de l'attention avec ou sans hyperactivité

### TDA/H : type hyperactivité-impulsivité prédominante (B)

Six des symptômes ci-dessous ou plus persistent depuis au moins six mois, dans deux environnements différents ou plus, par exemple en milieu scolaire et familial, et ne correspondent pas au comportement des autres élèves.

#### Hyperactivité

- Se lève souvent de sa chaise en temps inopportun.
- Court ou grimpe fréquemment en temps inopportun.
- S'agite, bouge ou se tortille sur sa chaise.
- Est souvent « en feu » et semble surchargé.
- Parle excessivement.
- A du mal à jouer calmement.

#### Impulsivité

- A du mal à attendre son tour.
- Crie trop rapidement les réponses aux questions.
- Se mêle souvent des affaires des autres et les dérange.

# Annexe 1 *(suite)*

## Le trouble du déficit de l'attention avec ou sans hyperactivité

### TDA/H : type mixte (C)

Six symptômes ou plus apparaissent à la fois dans **(A)** et dans **(B)**.

Dans tous les cas, les symptômes auront commencé avant l'âge de sept ans et ne peuvent être attribués à un trouble psychotique ou à un autre trouble mental.

# Annexe 2

## Le trouble oppositionnel avec provocation[3]

Comportement négatif, hostile et provocateur durant au minimum six mois et manifesté dans deux environnements ou plus, comme en milieu scolaire et familial. Quatre des comportements ci-dessous ou plus apparaissent plus souvent que la normale pour ce groupe d'âge.

- Refuse ou résiste délibérément de se conformer aux règles ou aux demandes des adultes.
- Dérange volontairement les autres.
- Est fâché ou rancunier.
- Se met facilement en colère.
- Se dispute avec les adultes.
- Blâme les autres pour ses erreurs ou son comportement.
- Est susceptible et facilement dérangé par les autres.
- Est méchant et malveillant.

3. *Ibid.*

# Annexe 3

## Le trouble des conduites[4]

Comportement persistant et récurrent au cours des six derniers mois, qui entraîne le manquement aux règles, la violation des normes sociales et la négligence des droits des autres, et qui est déterminé par trois ou plus des critères énoncés sur cette page et la suivante.

**Agression envers les gens et les animaux**

- Intimide ou menace souvent les autres.
- Commence souvent des batailles.
- A utilisé une arme pouvant causer de graves sévices physiques aux autres.
- A été physiquement cruel envers des personnes.
- A été physiquement cruel envers des animaux.
- A volé en affrontant la victime.
- A forcé une personne à participer à des activités sexuelles.

4. *Ibid.*

# Annexe 3 *(suite)*

## Le trouble des conduites

### Destruction de biens

- A délibérément détruit le bien d'autrui.
- A délibérément provoqué un incendie.

### Tromperie ou vol

- Est entré par effraction dans la maison, le bâtiment ou la voiture d'autrui.
- A volé des articles.
- Persuade les autres de lui donner des biens ou de lui accorder des faveurs.

### Violations graves des règles

- Fait souvent l'école buissonnière ; commence avant l'âge de 13 ans.
- Demeure tard la nuit dans les rues pour provoquer les parents ; commence avant l'âge de 13 ans.
- S'est enfui de la maison pendant la nuit au moins deux fois.

# Bibliographie

AMERICAN PSYCHIATRIC ASSOCIATION (2003). *Manuel diagnostique et statistique des troubles mentaux*, quatrième édition, Paris, Masson.

BÉLANGER et collaborateurs. (2008). *Le trouble de déficit de l'attention avec ou sans hyperactivité,* Montréal, Éditions du CHU Sainte-Justine.

DUMAS, J. E. (1999). *Psychologie de l'enfant et de l'adolescent,* Paris, De Boeck & Larcier s.a.

GOLEMAN, D. (1995). *L'intelligence émotionnelle*, tomes 1 et 2, Paris, Éditions Robert Laffont.

KUTSCHER, M. L. (2009). *Les enfants atteints de troubles multiples,* Montréal, Chenelière Éducation.

MASSÉ, L., N. DESBIENS et C. LANARIS (2006). *Les troubles du comportement à l'école : prévention, évaluation et intervention,* Montréal, Gaëtan Morin éditeur.

ROGERS, B. (1997). *Cracking Hard Class,* Londres, Paul Chapman Publishing.

SANFAÇON, C. (2005). *Il n'était pas comme les autres,* Montréal, Chenelière Éducation.

TRUDEAU, H., C. DESROCHERS, J.L. TOUSIGNANT et collaborateurs (1996). *Et si un geste simple donnait des résultats,* Montréal, Chenelière/McGraw-Hill.

VITARO, F. et C. GAGNON (1999). « Le trouble oppositionnel chez l'enfant », dans *Psychopathologie de l'enfant et de l'adolescent,* Montréal, Gaëtan Morin éditeur.

# À propos de l'auteur

**Fintan J. O'Regan, M.A. en gestion, certificat d'études supérieures en éducation, B.Sc. (avec distinction), M. CoT**

Fintan J. O'Regan est enseignant en science et ancien directeur de la Centre Academy School, considérée comme la première école spécialisée pour les élèves atteints d'un TDA/H ou d'un TOP au Royaume-Uni.

Actuellement, il est conseiller en matière de comportements et de besoins en éducation spécialisée pour l'administration scolaire de Surrey, tuteur à l'Université de Leicester, expert externe à l'Université de Worcester et directeur de l'enseignement pour l'ADDISS Charitable Trust.

De plus, il est conseiller et formateur pour le service de police de Londres et le Comité pour la justice des mineurs dans le cadre du Programme de partenariat pour des écoles plus sécuritaires. Il est aussi formateur aux niveaux national et international dans le domaine du TDA/H, de la gestion des comportements et des besoins en éducation spécialisée.

Il a publié plusieurs articles portant sur la gestion du comportement, et est l'auteur des livres suivants : *Educating Children with ADHD* (2000), livre récompensé par le TES ; *Surviving and Succeeding in SEN* et *ADHD: Impact and Intervention* (2005) ; *Troubleshooting challenging Behaviour* (2006).